JONATHAN SLAIN E PAUL BELAIR

ABALE A RECESSÃO

COMO LÍDERES DE SUCESSO PROSPERAM EM MEIO A CRISES

TRADUÇÃO
UBK Publishing House

ubook ubk Publishing House

Publicado mediante acordo com Rock Publishing. Edição original do livro Rock the Recession: How Successful Leaders Prepare for, Thrive During, and Create Wealth After Downturns, publicada por Rock Publishing.

COPIDESQUE Christian Danniel
REVISÃO Douglas Santos e Hellen Suzuki
CAPA Bruno Santos
DIAGRAMAÇÃO Abreu's System

Dados Internacionais de Catalogação na Publicação (CIP)
(Câmara Brasileira do Livro, SP, Brasil)

Slain, Jonathan
Abale a recessão : como líderes de sucesso prosperam em meio a crises / Jonathan Slain, Paul Belair ; tradução UBK Publishing House. -- 1. ed. -- Rio de Janeiro : Ubook Editora, 2021.

Título original: Rock the recession
ISBN 978-65-5875-075-8

1. Crise financeira 2. Economia 3. Finanças 4. Gestão de negócios 5. Liderança I. Belair, Paul. II. UBK Publishing House. III. Título.

21-53889 CDD-658.812

Índices para catálogo sistemático:
1. Clientes : Atendimento : Administração de empresas 658.812

Aline Graziele Benitez - Bibliotecária - CRB-1/3129

Ubook Editora S.A
Av. das Américas, 500, Bloco 12, Salas 303/304,
Barra da Tijuca, Rio de Janeiro/RJ.
Cep.: 22.640-100
Tel.: (21) 3570-8150

Dedicatória de Jonathan:

Para Paul.
Você mudou o curso da minha vida: sou melhor marido, pai, provedor e pessoa por sua causa. Você me ensinou uma lição importante até quando acabou comigo no tênis! Acima de tudo, obrigado por ser meu amigo sem esperar nada em troca. Este primeiro livro é dedicado a você. (Nosso próximo livro pode ser dedicado às nossas famílias ou talvez à minha sogra.)

Dedicatória de Paul:

Para Jonathan.
Sei que damos muito trabalho um ao outro e que quase sempre brincamos um com o outro, mas, falando sério, eu tenho gostado de trabalhar com você e sou sortudo por conhecê-lo. Espero que eu seja uma pequena parte da realização dos seus sonhos!

SUMÁRIO

LISTA DE PERGUNTAS

NOTA DOS AUTORES

Todas as histórias e entrevistas deste livro são verdadeiras, até onde sabemos. Alguns nomes de pessoas e de empresas foram alterados para proteger a identidade dos colaboradores que desejam permanecer anônimos.

INTRODUÇÃO

ABALE A RECESSÃO

JONATHAN: SOBREVIVI À GRANDE RECESSÃO PEGANDO 250 MIL DÓLARES EMPRESTADOS COM A MINHA SOGRA

Sim, você leu certo. Eu não tinha planejamento algum para a recessão. Eu era dono de uma série de franquias chamada Fitness Together, estúdios especializados em personal training. Foi ótimo no começo — crescemos muito rápido, abrindo várias novas locações. Nossos estúdios alcançavam novos recordes de franquia todos os anos. Parecia ser impossível dar errado! Em 2008, estabelecemos o recorde mundial de maior número de sessões de personal training da história de franquias e, mais tarde, o de maior número de locações. Nós crescemos, e crescemos, e crescemos...

Até que nos deparamos com a Grande Recessão.

A única razão pela qual sobrevivemos foi porque pedi emprestado mais de 250 mil dólares à minha sogra. Surpreendentemente, ainda estou casado — e já paguei o que devia. Mas foi complicado. Eu não estava preparado de forma alguma: eu não havia monitorado nenhum dos indicadores do negócio. Por não ter nenhum plano para a chegada da recessão, passei os dois primeiros meses deitado em posição fetal no canto do meu escritório.

Eu não conseguia mais ficar de cabeça erguida — tudo estava desmoronando muito rápido. Não conseguia pensar com clareza, estava muito abalado. Toda semana eu tinha que ligar para minha sogra para pedir mais dinheiro. Não peguei os 250 mil dólares emprestados de uma só vez. Pedi vinte mil dólares, depois mais vinte e depois outros vinte. Eu continuava voltando, semana após semana, uma dúzia de vezes ou mais, até ela ter me emprestado mais de 250 mil dólares no total. Ainda me lembro daquelas angustiantes ligações telefônicas...

Oi, Anne (esse é o nome da minha sogra)... As meninas estão ótimas... Sim, elas realmente estão indo muito bem... Sua filha também está ótima...

Então, estou ligando porque eu queria saber...

Eu queria saber se você poderia me enviar outro cheque para que eu consiga fazer os pagamentos de novo...

Você consegue imaginar? Era terrível. Eu sentia como se **estivesse sendo torturado pela recessão.** Para complicar ainda mais, o negócio envolvia família. Eu tinha três cunhados, uma irmã e uma cunhada trabalhando na empresa. Quando chegamos a um certo ponto durante a recessão, tivemos que tomar algumas terríveis decisões sobre quem teria que ser desligado da empresa. Não havia outra escolha: simplesmente não podíamos mais pagar a todos.

Até este ponto, nossa jornada tinha sido feliz. Nós tínhamos começado com uma filial local e aumentamos rapidamente para cinco. Mas então veio a Grande Recessão — e tudo começou a dar errado. A pior parte foi o impacto emocional causado em todos nós. Pessoalmente, passei por uma série de estágios emocionais: primeiro, me senti um fracassado; depois, me questionava por que aquilo tinha acontecido comigo e como eu havia chegado àquela situação. Eu me senti ferido e exposto, como se todas as minhas inseguranças tivessem sido colocadas à mostra. Minha autoestima estava ligada ao meu negócio. Tudo isso me fez sentir como um fracasso.

Estudos mostram que, durante uma crise, as pessoas tendem a comer mal e em excesso. No Alabama, um estado que foi especialmente impactado pela Grande Recessão, o problema de obesidade, que já era alarmante, tornou-se ainda mais grave, de acordo com o site AL.com. Posso não morar no Alabama, mas consigo entender. Quando você está assustado e atordoado, você precisa ter *algo* a que se agarrar. É uma sensação terrível.

> Minha autoestima estava ligada ao meu negócio. Eu me senti um fracasso.

Por sorte, eu tinha uma esposa e uma sogra que acreditavam em mim. Mas pensar no que fazer com todos os meus cunhados era muito difícil emocionalmente, ainda mais sabendo que todos estaríamos juntos no Dia de Ação de Graças. Eu era a pedra angular do negócio da família, aquele que tinha reunido todos ali, em primeiro lugar. Eu me sentia responsável pelo que havia acontecido — e precisava descobrir uma solução para preservar nossas relações cada vez mais tensas.

Nosso negócio era uma típica empresa familiar, e tínhamos cometido todos os erros que empresas familiares cometem. Por não termos nenhum plano, não havia um caminho da salvação que não envolvesse muito sofrimento e estresse. Só me lembro de termos tido muitas discussões, inclusive, algumas em que tentei colocar a culpa em outras pessoas.

Olhando para o que passou, agora, vejo que cometi um erro colossal de gestão de negócios — me prendi ao nosso único serviço, nossa única habilidade enquanto empresa, que era o fornecimento de serviços de personal training individual. Para ser justo, não importa o que eu fizesse, eu ainda teria que nadar contra a corrente. Personal training é, provavelmente, a pior coisa que você pode tentar vender em uma recessão, quando os clientes estão limitando seus próprios gastos. *Ninguém* quer pagar por personal training durante uma recessão (posso dizer isso agora, olhando em retrospectiva, com clareza).

Ninguém quer pagar por personal training em uma recessão.

Mas, se eu não estivesse tão ocupado brigando com minha família e lutando contra meus demônios pessoais, **eu poderia ter expandido o escopo do negócio para outros serviços,** como aulas grupais. Se eu tivesse feito um planejamento com antecedência, teria sido capaz de baixar meus preços antes que fosse tarde demais — e também de manter mais clientes. Ou, no mínimo, eu poderia ter limitado o empréstimo — e acabaria devendo muito menos de 250 mil dólares à minha sogra!

Também penso no que teria acontecido se eu tivesse lido um livro como este em 2007. A situação poderia ter sido muito melhor. Obviamente, isso não aconteceu. O que de fato *aconteceu* foi que meu caminho se cruzou com o de Paul. Depois de nos reunirmos inicialmente através da Young Presidents' Organization (YPO) e do programa de mentoria da Entrepreneurs' Organization (EO), Paul, aleatoriamente, tornou-se meu mentor por um ano. Foi o começo de uma amizade e parceria que agora está chegando a uma década e segue forte.

Durante os últimos oito anos, Paul e eu temos trabalhado com muitos dos mesmos clientes. Nós os ajudamos a construir valor, ganhar tração e crescer de forma lucrativa. Em algum momento, também tentei encontrar referências para ajudar nossos clientes a se prepararem para a próxima recessão. Mas não havia nada que pudesse ajudar. Nada na Amazon nem no Google a respeito de um "livro de instruções para a recessão". Eu disse a Paul: "Alguém deveria escrever um livro sobre como se preparar para a próxima recessão."

Percebemos que talvez fôssemos *nós* esse "alguém". Então, começamos a elaborar nosso próprio livro de instruções para a recessão voltado para clientes — o *Rock the Recession Owner's Manual*™ —, e o feedback foi bastante positivo. Percebemos que havia um público muito maior para essa mensagem. Por razões que em breve serão explicadas, Paul é a prova de que nosso sistema funciona. Seu plano — e o processo que ele criou — tornou-se a base deste novo Modelo de Caixa de Câmbio da Recessão, que começamos a compartilhar com clientes e apresentar publicamente em nossas palestras e oficinas.

Agora, por meio deste livro, estamos compartilhando tudo o que aprendemos ao longo do caminho — **ele contém tudo o que você precisa saber sobre como um líder de sucesso se prepara para as crises, prospera enquanto elas duram e gera riqueza quando terminam.**

Nosso processo — a metodologia que estamos propondo aqui — pode ser usado a qualquer momento, seja em caso de recessão ou não. Além disso, quando falamos de "recessão", não nos referimos apenas a uma ampla crise econômica. **Uma recessão pode se referir a qualquer grande choque no sistema de uma empresa.**

Quando você perde seu maior cliente, você está em recessão.

Quando seus melhores funcionários partem para abrir um negócio concorrente ao seu do outro lado da rua, você está em recessão. Quando seu fornecedor-chave para de atendê-lo, você está em recessão. Quando seu sócio desvia dinheiro, você, meu amigo, está em recessão!

Tudo isso quer dizer o seguinte: se você tem um negócio, em algum momento, *vai* passar por uma recessão, de uma forma ou de outra. É garantido. É por isso que, não importa o quanto seu negócio seja saudável (ou o quanto você queira acreditar que seu negócio é saudável), você deve considerar criar um plano de recessão como parte de seu planejamento básico empresarial.

O negócio de Paul, a Roth Bros., Inc. (Roth), tinha um plano. Ele estava ansioso para a recessão. Ele havia comprado uma empresa e tomou medidas muito específicas para fazê-la crescer de forma espetacular, **usando a Grande Recessão como combustível para levá-lo à "saída do sonho americano".**

Eu? Eu só estava no negócio de personal training, em primeiro lugar, porque meu cunhado era um guru fitness, e eu queria me aposentar do mundo de investimentos bancários. Eu não tinha nenhum plano para quando a recessão chegasse, e nosso negócio quebrou — quase fatalmente.

Nossa história é um conto sobre duas empresas que se encontraram na autoestrada um pouco antes da Grande Recessão em 2008. Uma cresceu e foi adiante, e a outra — a minha — quebrou. Aprenda com meus erros. **Não seja como eu. Seja como Paul.** Faça um planejamento para recessão *corretamente*, e você poderá alcançar seu próprio resultado dos sonhos. Mas tudo começa com você. Quem você quer ser quando a próxima recessão chegar?

Você quer ser o carro na via rápida, ultrapassando todos os outros, ou o carro parado na beira da estrada com o motor expelindo fumaça?

PAUL: MEU PLANO PARA A GRANDE RECESSÃO

Eu vi muitas empresas serem atingidas durante a Grande Recessão. Elas não tinham um plano. Minha equipe tinha. Na verdade, meu negócio — a Roth, uma empreiteira especializada em atuação nacional — cresceu dois dígitos durante a Grande Recessão. Compramos a empresa com um milhão de dólares de patrimônio líquido antes da crise. Depois, tivemos 63 meses de crescimento do negócio, antes de finalmente vendê-lo, após a recessão, por mais de setenta milhões de dólares — mais de setenta vezes o retorno do investimento. Esse crescimento exponencial foi possível porque nós tínhamos um plano e o executamos. Tivemos um desempenho tão bom durante a recessão que fomos capazes de alcançar nossa "**saída do sonho americano**" — ou seja, vender o negócio por dinheiro suficiente para sermos capazes de fazer o que quiséssemos, quando quiséssemos.

Transformamos um milhão de dólares em mais de setenta milhões de dólares em um pouco mais de cinco anos — tudo durante uma dura recessão.

Como fizemos isso? Uma das ideias-chave foi o princípio de Covey: "Comece com o fim em mente." Quando me tornei um dos proprietários da empresa, aos 44 anos de idade, me concentrei não apenas em meus objetivos, mas na estratégia de saída. Em cerca de um ano, minha equipe começou a desenvolver um plano de cinco anos para aumentar drasticamente nosso desempenho — e, especificamente, para aumentar o múltiplo pago por um comprador se e quando decidíssemos vender.

Ter este plano de saída desde o início, não apenas no fim, foi crucial. Isso nos levou a novos insights — uma maior compreensão do que gera valor — e nos impulsionou a fazer mudanças que um dia maximizariam a venda de nosso negócio. Mesmo que nunca vendêssemos a empresa, ainda melhoraríamos bastante o desempenho comercial. (Alguns planos, como de saída e de recessão, são importantes para se ter em mãos antes do momento em que de fato se precise deles.)

Crie valor ao começar qualquer coisa já tendo o fim em mente.

Enquanto isso, muitos de nossos concorrentes ficaram **acomodados.** Tudo estava indo bem para eles. Para que criar problemas onde não há necessidade? Isso é o que *eles* pensavam sobre a situação.

Costumo ver essa típica acomodação que ocorre durante os períodos bons dos negócios. Poucas empresas pensam **proativamente** sobre como elas poderiam sobreviver e prosperar durante uma recessão, a menos que já estejam de fato *em* crise (reacionários). Por estarem muito ocupadas no momento atual, essas empresas não conseguem imaginar que estamos rumo a outra crise.

E depois, é claro, há as empresas que ainda não passaram por uma recessão propriamente dita. Para elas, é uma situação diferente. É como a história dos dois jovens peixes que estão nadando juntos até encontrarem um peixe mais velho nadando na direção contrária. "Bom dia, rapazes", diz o peixe mais velho, "como está a água?" Os dois peixes jovens continuam a nadar até que um deles se volta para o outro e pergunta: "O que é água?"

Acontece o mesmo com as recessões. Poderíamos ter uma recessão se aproximando, e os peixes mais jovens simplesmente não saberiam do que se trata porque ainda não a experimentaram!

David Rosenberg, economista-chefe e estrategista da Gluskin Sheff (e comentarista recorrente da CNBC), conseguiu definir isso melhor ao tuitar o seguinte:

> 'Não consigo ver a recessão! — Onde está a recessão?' Não posso dizer o quanto ouço isso a cada dia. É como dizer: 'Não consigo sentir o cheiro do monóxido de carbono.' Quando você 'vir a recessão', sua cabeça já estará cortada.

JONATHAN: NOSSA GRANDE IDEIA

Queremos alertar líderes, de todos os setores, sobre a importância de se ter *agora* um plano de recessão. Juntos, nós somos guiados — Paul e eu — por uma paixão por ajudar os outros a terem sucesso e alcançarem seus próprios resultados dos sonhos. Isso é o que nos deixa entusiasmados. É o que me faz levantar da cama todas as manhãs. **Ninguém deveria ter de pedir dinheiro emprestado para a sogra!**

É claro que existem mais maneiras de ser bem-sucedido do que aproveitar as oportunidades criadas por uma recessão. Mas se o que você está procurando é realmente um *grande* resultado — um verdadeiro resultado dos sonhos —, então uma recessão pode ser o que você precisa. (Por "resultado dos sonhos" me refiro àquele ideal de que você pode começar com pouco ou nada e chegar ao ponto de construir um negócio que lhe permitirá alcançar sua visão de sucesso —seja lá como você a define!)

Uma recessão é como dirigir na Autobahn[1]. Embora possa parecer loucura, esta é a melhor metáfora em que consigo pensar.

---

[1] Sistema rodoviário federal da Alemanha. [N.E.]

Na Autobahn, se você estiver indo rápido na pista e não tiver um plano, pode facilmente bater — e bater a uma velocidade muito alta, é claro, é devastador. Ocorre o mesmo em uma recessão. Não há tempo para pensar: se você não agir rápido, perderá tudo. Mas se tiver um *plano*, você **se coloca na posição de passar a concorrência e levar vantagem na realização do seu resultado dos sonhos.**

É tudo uma questão de ter um plano — e depois *praticar* esse plano. Você já dirigiu um carro com transmissão manual? Se sim, você se lembra de como foi quando aprendeu a trocar as marchas? Habituar-se a trocar a marcha é muito parecido com o planejamento para recessão. A princípio, você pode se sentir estranho e desajeitado. Seu cérebro trabalha em excesso de velocidade, tentando lembrar a sequência: pisar no pedal de embreagem; em seguida, trocar a marcha; e, depois, soltar a embreagem enquanto acelera.

Mas, com a prática, você nem pensa mais nisso porque cria memória muscular. Trocar a marcha torna-se uma segunda natureza. Você dirige pela estrada, come um cheeseburger, fala ao celular — sem ao menos prestar atenção à troca de marcha. Você faz tudo isso de forma subconsciente. E é assim com o planejamento para recessão: começa com um sentimento mecânico, artificial, algo que faz seu cérebro doer, e vai se tornando algo que você não conseguiria deixar de fazer mesmo que quisesse. **Você começa a ver oportunidades para expandir seu negócio em uma recessão sem sequer pensar nisso.**

O planejamento de recessão é como aprender a trocar a marcha. No início, parece estranho e artificial, mas, com a prática, torna-se uma segunda natureza.

AS QUATRO MARCHAS DO PLANEJAMENTO PARA RECESSÃO

Todos nós queremos ser o carro que ultrapassa a concorrência. **Mas muitos de nós estamos dirigindo sem rumo e sem nenhum plano para sobreviver, muito menos para prosperar, durante a próxima crise.**

O objetivo deste livro é ajudar você a *atacar* — ultrapassar a concorrência — durante uma recessão. Percebemos que todos chegam a este livro de diferentes pontos de partida. Digamos que sua empresa esteja em uma posição financeira estável: você não tem dívidas, tem acesso a uma generosa linha de crédito e tem um patrimônio líquido saudável — você está em uma ótima posição para atacar durante a próxima recessão.

O que queremos dizer com "atacar" neste contexto? Atacar significa tirar vantagem de todas as empresas que *não* têm a mesma força financeira que a sua: adquirindo-as, recrutando os melhores funcionários delas ou comprando seus ativos a baixo custo (quando executam os empréstimos para equipamentos caros comprados durante os tempos de bonança).

E se sua empresa *não* estiver atualmente em uma posição de força? Dependendo das circunstâncias econômicas, ainda é possível alcançá-la antes da próxima recessão, se tiver o plano certo. Muitas pessoas estão nessa situação — talvez elas tenham adquirido grandes dívidas porque cresceram muito rápido; talvez porque se deixaram levar e compraram uma casa de férias antes que pudessem pagar por isso.

A situação de cada um é diferente, e você pode usar este livro de diferentes maneiras, dependendo da saúde de seu "veículo" e de onde você está na estrada. Se estiver na frente, então precisa pisar no acelerador. Agora é o momento de crescer, de maximizar a oportunidade — de realmente ir em frente. Mas se estiver encalhado atrás de outros carros, sua estratégia deve ser diferente. Ou, se estiver na corrida, mas vê que há fumaça começando a sair do capô, será necessário pisar no freio.

Para ajudá-lo a entender como usar este livro da forma mais adequada à sua situação — ao estilo "escolha a sua aventura", por assim dizer —, nós montamos o modelo a seguir. É assim que funciona nossa "caixa de câmbio" da recessão: a corrente representa a economia, e a economia é o que impulsiona as marchas. A economia, é claro, segue um determinado ciclo, como todas as economias fazem: ela está sempre em estado de expansão, recuperação, contração ou recessão.

Há quatro marchas na caixa de câmbio. São elas: Avaliar (Primeira Marcha), Ajustar (Segunda Marcha), Correr (Terceira Marcha) e Acelerar (Quarta Marcha). Comece sempre na Primeira

Marcha e, depois, dependendo do estado da economia, você poderá mudar para a Segunda, Terceira ou Quarta Marcha.

Por exemplo, se a economia está em expansão ou recuperação, você vai engrenar a Primeira Marcha e, então, a Segunda Marcha. Comece avaliando sua situação e depois ajuste seu motor. A partir daí, passe para a Terceira e para a Quarta Marcha. Se a economia estiver em recuperação ou contração, porém, comece na Primeira Marcha, vá direto para a Terceira Marcha e depois passe para a Quarta Marcha. Se a economia estiver em contração ou recessão, comece na Primeira Marcha e depois passe diretamente para a Quarta Marcha. Em uma contração, você precisará usar seu melhor julgamento para escolher entre a Terceira e/ou Quarta Marcha, baseado na rapidez com que a economia está encolhendo.

Você *sempre* vai começar na Primeira Marcha. Na verdade, a Primeira Marcha é externa à economia. Não importa em que lugar você esteja no ciclo econômico, é vital começar avaliando sua situação. Não é possível nem mesmo entrar na estrada se você não souber onde está, aonde quer ir e se está à frente ou atrás dos outros — e isso é feito através da comparação de seu preparo para a recessão com o de seus concorrentes no setor. Essa avaliação lhe permite identificar oportunidades para melhorias.

Na Primeira Marcha, é necessário avaliar não apenas sua situação, mas também seu autoconhecimento. Você entende a economia e o impacto dela em seu negócio? Sabe o que procurar? Sabe o que significa quando os títulos do Tesouro dos EUA de dez e dois anos invertem-se?

> As quatro marchas do Modelo de Caixa de Câmbio da Recessão são: Avaliar, Ajustar, Correr e Acelerar.

Agora você já conhece as quatro marchas, mas há uma outra parte importante do modelo: o **Freio de Emergência**. Se você estiver em Terceira ou Quarta Marcha e a coisa simplesmente não estiver funcionando, se não estiver conseguindo correr ou acelerar, pode ser necessário puxar o Freio de Emergência para salvar o negócio. Mas, novamente, essa alavanca só deve ser puxada em circunstâncias específicas, isto é, quando seu negócio estiver em recessão e correr ou acelerar não estiver dando certo.

O mais importante agora é o seguinte: **uma das principais regras na estrada é conhecer seu destino e saber como chegar lá antes mesmo de sair**. Isso significa que, independentemente de seu saldo estar forte ou não tão forte — e de estarmos em uma recessão ou recuperação —, você deve ter um plano por escrito preparado. E você deve entender *onde está agora*.

Como determinar isso? Fazendo nossa Avaliação de Preparo para Recessão™. Até onde sabemos, esta é a única avaliação do tipo existente no mundo! Coletamos milhares de respostas de uma ampla faixa de líderes de negócio. Esses dados nos permitiram compreender e compartilhar com você, leitor, o quão preparado para uma recessão você está em relação às outras pessoas que fizeram esta avaliação.

DEVER DE CASA: SUA AVALIAÇÃO

O exercício a seguir contém vinte perguntas destinadas a avaliar o quanto você está preparado para a recessão. (Você e sua equipe também podem fazer esta avaliação de graça no endereço www.recession.com/ready se preferirem.) Quanto mais alta a pontuação, mais bem preparado você está para atacar!

Avaliação de Preparo para Recessão

Disponível em www.recession.com/ready

Nome ______________________ Data ______________________

Empresa ______________________ Posição ______________________

Nosso objetivo é garantir que você esteja na melhor posição para capturar as oportunidades que uma recessão traz. Um dos primeiros passos em nossa jornada juntos é completar um benchmark de "preparo para recessão" de sua empresa.

O preparo é definido como o estado de estar totalmente pronto. Nossa Avaliação de Preparo para Recessão lhe dará uma resposta quantificada sobre o quanto você está prevenido para a próxima crise. Trata-se de uma análise sistemática da capacidade de desempenho de sua empresa que exclui suposições e emoções, o que lhe permitirá identificar pontos fortes e potenciais desafios para sua empresa na próxima crise.

Uma vez que você tenha essas informações, estará pronto para seguir adiante, sabendo aonde quer ir e orientado por nós sobre como chegar lá.

INSTRUÇÕES:
Por favor, reserve aproximadamente dez minutos ininterruptos para completar a avaliação. Responda aos vinte itens utilizando a seguinte escala:

VERDE: SIM/SEMPRE

AMARELO: TALVEZ/ÀS VEZES

VERMELHO: NÃO/NUNCA

BRANCO: balance esta bandeira se você não entender a pergunta ou não tiver ideia de como respondê-la. Recomendamos que você use esta opção, se aplicável, pois balançar a bandeira branca resultará nas melhores recomendações possíveis para você e sua empresa.

Avaliação de Preparo para Recessão

Disponível em www.recession.com/ready

1ª MARCHA AVALIAR

	SIM/ SEMPRE	TALVEZ/ ÀS VEZES	NÃO NUNCA	NÃO SEI
1. Sua empresa tem um plano de ação por escrito para a próxima recessão ou para um grande impacto na organização (por exemplo, a perda de seu maior cliente)?				
2. O time de liderança da sua empresa entende e acompanha indicadores econômicos básicos (por exemplo, a curva de rendimento e a taxa de desemprego)?				
3. A visão, a missão e os valores de sua empresa estão documentados por escrito e são exemplificados diariamente por meio de comportamentos em todos os níveis da organização?				
4. Sua empresa tem um plano estratégico focado, por escrito e de longo prazo, ao qual você dedica pelo menos um dia a cada trimestre para atualizá-lo?				

2ª MARCHA AJUSTAR

	SIM/ SEMPRE	TALVEZ/ ÀS VEZES	NÃO NUNCA	NÃO SEI
5. O time de liderança da sua empresa conhece a saúde financeira de seus principais clientes e fornecedores?				
6. A margem EBITDA[2] (Lucros antes de Juros, Impostos, Depreciação e Amortização) da sua empresa é a melhor possível dentro da sua área?				
7. Sua empresa tem de cinco a dez por cento de seus próximos doze meses de receita estimada como patrimônio líquido no balanço patrimonial?				
8. O time de liderança da sua empresa se reúne regularmente com seus representantes bancários para discutir a linha de crédito, a fim de garantir que o limite seja o correto para as necessidades comerciais presentes e futuras?				
9. O time de liderança da sua empresa conhece todas as restrições em vigor para qualquer dívida da empresa e revê esses "convênios" mensalmente para garantir a conformidade?				
10. Os proprietários da sua empresa revisam regularmente quaisquer garantias pessoais sobre a dívida da empresa e trabalham ativamente para reduzi-las a zero?				

[2] *Earnings Before Interest, Taxes, Depreciation, and Amortization.* [N.E.]

Avaliação de Preparo para Recessão

Disponível em www.recession.com/ready

11. Sua empresa tem caixa ou crédito disponível para financiar o crescimento?

12. Sua empresa tem um conselho de assessores que se reúne pelo menos trimestralmente com o time de liderança para ajudar a estabelecer planos de crescimento, fazer provocações e responsabilizar a equipe por seus planos de ação?

3 3ª MARCHA CORRER

13. Você tem uma excelente cultura empresarial, contrata apenas pessoas fantásticas e demite imediatamente as que não são fantásticas ou que não se encaixam em sua cultura?

14. Sua empresa tem um processo de melhoria contínua e você mede regularmente o progresso dela em relação às metas estabelecidas?

15. O time de liderança da sua empresa tem um método preciso para monitorar o backlog, as tarefas em andamento e o pipeline de potenciais novas tarefas?

16. Sua empresa tem um método para acompanhar a produtividade de cada funcionário?

17. O time de liderança da sua empresa compara resultados financeiros alcançados com resultados pretendidos na conclusão de cada projeto ou trimestre (o que for mais apropriado para seu negócio)?

4 4ª MARCHA ACELERAR

18. A base de clientes da sua empresa é diversificada?

19. A receita da sua empresa é diversificada? Você atende a setores do mercado que são contracíclicos ou que não são afetados por recessões?

FREIO DE EMERGÊNCIA

20. O time de liderança da sua empresa tem uma maneira de medir os primeiros sinais de alerta de que sua empresa pode estar indo na direção errada?

Avaliação de Preparo para Recessão

Disponível em www.recession.com/ready

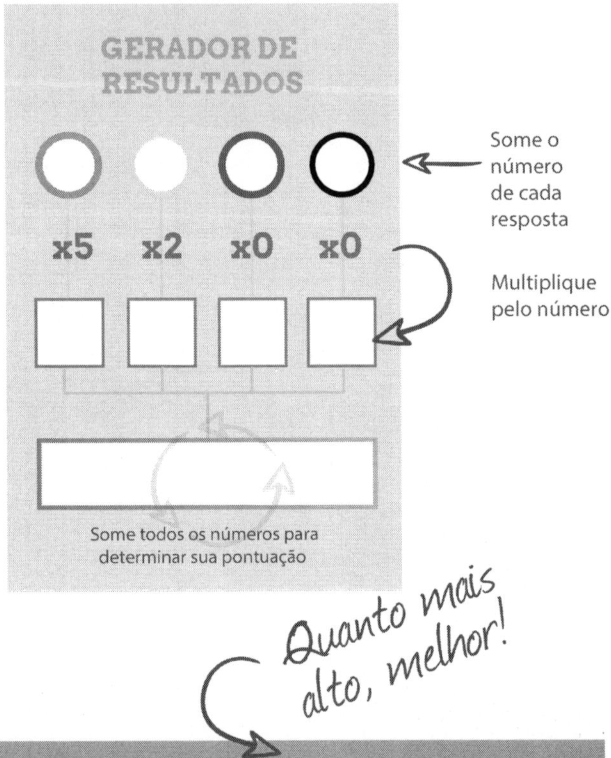

60-84 = Precisa COMEÇAR A SE PREPARAR para a próxima recessão!

0-59 = Alto risco de FRACASSO na próxima recessão!

Como foi sua pontuação? Se foi igual ou superior a 85, parabéns, você deve estar *ansioso* para a próxima recessão! Se foi entre 60 e 84, então está definitivamente na hora de *começar a se preparar* para a recessão. E se você marcou de 59 para baixo, cuidado — você tem um risco real de *fracassar* na próxima recessão.

Ficou surpreso com sua pontuação? A maioria das pessoas fica — e é exatamente por isso que a avaliação é tão importante. **Seres humanos simplesmente não são juízes muito confiáveis.** Na verdade, somos muito *ruins* quando se trata de saber como estamos indo em relação aos outros.

Você já esteve dirigindo na autoestrada e mudou porque pensou que a pista ao lado estava se movendo mais rápido? Claro! Todos nós já fizemos isso, certo? Mas sabia que pesquisadores estudaram esse hábito de mudança de faixa e descobriram que a grande maioria dos motoristas não é boa em prever se outras pistas estão ou não se movendo mais rápido? Na realidade, as faixas geralmente estão todas na mesma velocidade. A percepção de que uma via está se movendo mais rápido não é mais do que uma ilusão.

Assim como na estrada, somos muito maus juízes quando precisamos avaliar a nós mesmos e nossos negócios. Então, se você esperava ter uma pontuação alta na avaliação e não conseguiu, saiba que isso é completamente normal. Felizmente, não importa sua classificação, você ainda pode se preparar para a recessão — mas *precisa* ter um plano por escrito. Se você não tiver um, então não estará nem mesmo no páreo. Você está de pé na beira da estrada vendo os outros passarem. Isso pode funcionar para você. Sua visão de sucesso pode não ser alcançar grandes resultados com seu negócio. Nem todo mundo quer superar a concorrência. Mas se o seu resultado dos sonhos inclui alto lucro líquido oriundo de seu negócio, você precisa se concentrar em conseguir que suas respostas de preparo para recessão sejam todas verdes. Você pode usar este livro para atingir seu objetivo.

Os riscos são altos: ter um plano pode significar a diferença entre a falência e o resultado dos sonhos. Claro, é possível que você sobreviva sem um. Você pode não ir à falência, mas eu não contaria com isso. Nem todos têm a sorte de ter uma sogra generosa para pagar as contas. De fato, eu até escrevi algo nesse sentido em uma de minhas cartas para ela: "A maioria das empresas não tem a ajuda de um benfeitor para ajudá-las a crescer quando os tempos estão bons e para oferecer uma mão quando os tempos estão difíceis." Olhando para trás, o que eu realmente precisava não era de um benfeitor — o que eu precisava era de um plano.

Uma coisa é certa: se não estiver pronto para a viagem — se você está apenas deixando o negócio acontecer sozinho —, é improvável que alcance seu almejado **resultado dos sonhos.**

O que um "resultado dos sonhos" significa para você? Deixe sua imaginação fluir livremente aqui. E se as marchas que apresentamos neste livro pudessem ajudá-lo a pagar o carro ou a casa dos seus sonhos? Melhor ainda, e se elas pudessem ajudá-lo a alcançar a independência financeira muitos anos antes do que você imaginava ser possível? Ou e se essas marchas pudessem

____

(preencha o espaço em branco com o que quiser)?

Conseguimos sua atenção? Assumindo que você *queira* estar na estrada para alcançar o seu resultado dos sonhos, agora é a hora. **Estamos pedindo que você se junte a nós para a jornada de uma vida.** Se você é como muitas das pessoas com quem falamos, é seguro afirmar que você foi duramente atingido pela última recessão. Talvez tenha levado um longo tempo para se recuperar, e agora você não sabe como evitar que isso aconteça de novo. Nós entendemos: é por isso que escrevemos este livro.

Frequentemente, fazemos uma série de perguntas ao público:

- Vocês acreditam que a próxima recessão vai aumentar, diminuir ou ter nenhum efeito em seus lucros?
  - R: Diminuir.
- Vocês têm um plano em suas empresas para a próxima recessão?
  - R: Não.
- Vocês estão *ansiosos* para a próxima recessão?
  - R: Com certeza, não.

Com isso, observamos muitas sobrancelhas levantadas. **Quem em sã consciência aguardaria ansiosamente uma recessão?**

Nós — é claro! E você também, ao final deste livro.

> Quando todos os outros estiverem fazendo cortes drásticos, preocupados em sobreviver, esperando superar a recessão, recuando em sua carapaça como uma tartaruga, você estará pronto para atacar!

O primeiro passo é pegar o que você aprendeu com sua Avaliação de Preparo para Recessão e usá-la para começar a mapear os contornos básicos de seu plano de recessão.

Apertem os cintos!

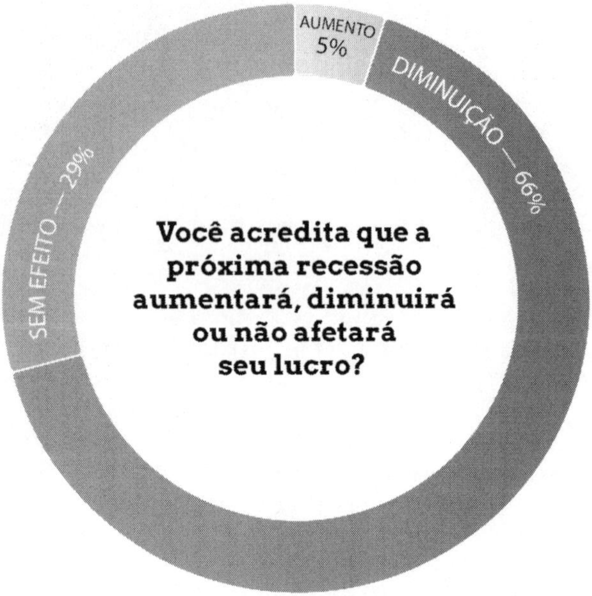

Fonte: Recession.com

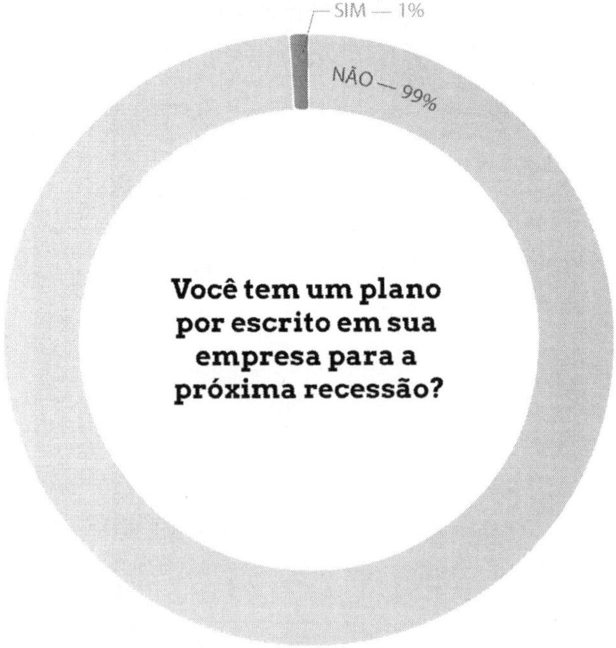

Fonte: Recession.com

CAPÍTULO UM

PRIMEIRA MARCHA: AVALIAR

Instruções para o uso da Caixa de Câmbio da Recessão:

- **1ª Marcha (Avaliar): sempre comece com a 1ª Marcha**
- **Em seguida, engate a 2ª Marcha (Ajustar), 3ª Marcha (Correr) e/ou 4ª Marcha (Acelerar), dependendo de como estará "A Economia"**
  - Se A Economia estiver nos estágios de Expansão ou Recuperação do ciclo, engate a 2ª Marcha, então a 3ª Marcha e, a seguir, a 4ª Marcha
  - Se A Economia estiver em Recuperação ou Contração, engate a 3ª Marcha e, então, a 4ª Marcha
  - Se A Economia estiver em Contração ou Recessão, engate a 4ª Marcha imediatamente, se possível
- Use o Freio de Emergência em qualquer ponto, caso necessário.

Acima de tudo, use seu julgamento para determinar qual Marcha usar de acordo com as circunstâncias dentro da sua empresa e fora, na Economia.

PAUL: COMO ME COMPROMETI A VENCER

Em 1999, quando assumi o cargo de presidente da Roth — uma empreiteira especializada de porte nacional, fundada em 1923 —, ficou claro para mim que nossa visão precisava mudar. Eu tinha herdado uma empresa que dependia excessivamente do fornecimento de aquecimento, ventilação e ar-condicionado (AVAC), e tinha muitos funcionários ruins nesse segmento.

Por ter vindo para a Roth com um background de contabilidade (CPA) e negócios (MBA), fui capaz de **avaliar** a situação de forma analítica e não emocional. Eu sabia que a construção — que representava oitenta por cento do nosso negócio naquele ponto — normalmente representa um investimento de alto risco com margem muito baixa. Também vi o valor em nossa oferta de *serviços*: serviços de AVAC, serviços de telhados e gestão de energia. A parte de prestação de serviços da empresa era baseada na dinâmica de contrato de anuidade, o que significa que o serviço normalmente era renovado a cada ano.

Finalmente, olhei para o que estávamos fazendo com nossa gestão de energia e produtos de monitoramento de energia e pensei em como poderíamos reformular essas divisões com nossos outros produtos de serviços baseados em conservação e energia verde. Após pesquisarmos e entendermos todo o nosso panorama empresarial, minha equipe e eu chegamos à conclusão de que uma grande reestruturação era necessária.

Se eu fosse um "cara do *status quo*" — o tipo de pessoa que não gosta de causar problemas e está satisfeito em simplesmente tocar um negócio de baixa margem —, talvez eu não tivesse decidido remodelar a empresa, como acabei fazendo. Mas eu estava acostumado a mudanças e a tomar decisões difíceis por ter sido líder em meu cargo anterior como CFO de uma empresa de portfólio de capital privado.

Agitar as coisas (reestruturar) é algo que você precisa fazer em um negócio a cada cinco ou dez anos.

Mas isso não significava que a reestruturação seria fácil. Eu tinha que escolher um novo time de gestão dentre os talentos da empresa, um novo time de liderança, e colocar em movimento um processo através do qual pudéssemos prosperar. Tive que demitir uma série de funcionários antigos. Demissões em massa nunca tinham ocorrido na Roth, mas eu sabia o que precisava ser feito. Tive que fechar escritórios em várias cidades (locais onde eles estavam concentrados em nossa divisão de construção). E fiz tudo isso de uma só vez. **Eu sabia que precisava arrancar o curativo para que pudéssemos todos nos concentrar no futuro.**

Durante esse período, lidei com as demissões de forma muito pessoal: eu sabia que estava impactando as famílias das pessoas e seus meios de sustento. Havia dias simplesmente terríveis. Mas, mesmo assim, eu acreditava que estava fazendo a coisa certa. Eu tinha que colocar a empresa em um caminho de crescimento e precisava acabar com qualquer cultura de mediocridade que poderia estar internalizada, de modo a substituí-la por uma cultura de crescimento e de excelência no atendimento ao cliente.

Olhando para trás agora, posso dizer com segurança que essa dolorosa experiência valeu a pena. Novamente, se eu fosse um cara do *status quo*, provavelmente ainda hoje estaria trabalhando naquelas circunstâncias, em vez de jogando *pickleball* no sudoeste da Flórida. E eu certamente não teria me saído bem. Ninguém quer comprar um negócio médio.

Para alcançar o seu resultado dos sonhos, você precisa **comprometer-se a vencer.** E, para vencer, você precisa se *preparar.*

Após sua "saída dos sonhos" da Roth Bros., Paul agora está comprometido em vencer no *pickleball*/Paul Belair

COMPROMETENDO-SE COM A *PREPARAÇÃO*

Comprometer-se com a preparação significa fazer um plano formal. Neste capítulo, mostraremos a você exatamente como **criar um plano de ação** para preparar sua empresa para a recessão.

Por que você precisa de um plano para recessão? Afinal de contas, seu negócio pode estar indo muito bem neste momento, com alta renda, recorde de lucro e um forte backlog, e você não consegue sequer imaginar um cenário de crise. Se for esse o caso, parabéns por seu sucesso até o momento. Odiamos ser desmancha-prazeres, no entanto, é importante que você entenda que uma **recessão é inevitável.** É economia simples. As recessões acontecem de modo cíclico: cada pico é seguido por um vale. As únicas questões são: *qual é o momento em que estamos no auge e por quanto tempo a bonança irá durar?*

É como as estações do ano. Não está aberto a debate que o inverno vai chegar. É apenas uma questão de quão ruim ele será e por quanto tempo irá durar. (Curiosidade: como sociedade, falamos menos sobre mudanças climáticas durante uma recessão, provavelmente porque todos voltam a atenção para a economia e porque há pouco capital para novos investimentos em tecnologia sustentável. De acordo com Xiaorui Huang, do Boston College, "as recessões baixam a proeminência da mudança climática na política e no discurso público".)

> A próxima recessão não é uma questão de "se". É sempre uma questão de "quando".

Quando as recessões ocorrem, a economia faz o que nós chamamos de "**Pit Stop**". O comércio e a atividade industrial declinam, a renda cai, o produto interno bruto (PIB) permanece baixo por um período de tempo (tecnicamente, uma recessão é quando o PIB cai por dois trimestres sucessivos).

Você pode pensar que a economia ainda tem combustível suficiente para fazê-lo dar mais umas voltas na pista antes do Pit Stop — e talvez esteja certo. Mas mesmo que não concorde que uma crise está chegando, você e sua empresa ainda podem se ver em meio a uma recessão a qualquer momento. Lembre-se: é possível entrar em recessão após um acontecimento comum, como a perda de um grande cliente. Qualquer evento Cisne Negro em seu negócio pode levá-lo a uma recessão. (Um Cisne Negro, segundo o autor Nassim Taleb em seu livro *A lógica do Cisne Negro*, é um evento altamente improvável que: 1. é imprevisível; 2. tem um impacto maciço; e 3. quando acaba, as pessoas tentam inventar uma explicação para dizer que o evento era mais provável do que realmente foi.) Não se trata apenas de esperar pela queda da economia, pois todas as empresas passam por tempos de bonança e por tempos de recessão. Então, **se você acha que não precisa de um plano para recessão porque acredita ser "à prova de recessão", pense de novo.**

Tomemos um amigo nosso, Sebastian, por exemplo. Ele tem uma grande empresa de paisagismo comercial que existe há trinta anos. Durante quase vinte desses trinta anos, sua empresa utilizou o programa de vistos H-2B para contratar trabalhadores do México. Devido às mudanças na política/regulamentação, no entanto, seu pedido em 2018 foi negado. O que aconteceu? Ele passou por uma recessão. Ele não tinha um plano escrito sobre o que fazer em caso de descontinuação do programa para trabalhadores imigrantes. Quando isso aconteceu, ele foi obrigado a se virar.

O que Sebastian poderia ter feito de diferente? Na indústria dele, tais mudanças não produziram grandes efeitos de perdas ou ganhos. Basicamente, todos no negócio de paisagismo foram afetados ao mesmo tempo. Mas imagine o que teria sido possível fazer se Sebastian já tivesse estabelecido um plano de recessão antes de o programa H-2B ser encerrado. Em vez de ficar na defesa e correr em círculos (se virando para encontrar quase oitenta novas pessoas para contratar em apenas dois meses!), ele poderia ter mudado para o modo de execução. Ele poderia ter estado pronto para atacar — contratando os melhores funcionários de seus concorrentes, ganhando novas contas e expandindo seus negócios. Ele poderia transformar uma crise que afetava todo o setor em uma oportunidade para si, uma chance de contratar outros paisagistas e trazer clientes em rebanho.

Por não ter pensado nessas coisas com antecedência — e não tê-las formalizadas em um plano escrito —, ele estava **muito atrasado para atacar perante as oportunidades.**

> Se você não tiver um plano de recessão, estará negando a si mesmo uma chance para atacar.

JONATHAN: ALGUNS LÍDERES TÊM UM PLANO

Certo empresário que conheci, John, proprietário de uma empresa gigante de outdoors, até tinha um plano de recessão, mas não o tinha documentado. Conheci John em um voo de Cleveland para Houston. Eu estava trabalhando em coisas sobre recessão, ele viu e me perguntou a respeito.

John é o "Rei dos Outdoors" do Texas. Ele chama a si mesmo em tom de brincadeira de "poluidor visual" e está no ramo há quarenta anos, com mais de quinhentos outdoors expostos. Ao ouvir sobre minha linha de trabalho, ele começou a falar sobre como conseguia prever quando viria a próxima recessão. Ele descreveu sua empresa como atuante no setor do "negócio de lua". Ele e sua equipe sabiam o que estava acontecendo com a economia com base na quantidade de renovações de outdoors (quando a economia desacelerava, as renovações de outdoors desaceleravam).

Ao longo de quarenta anos, John tem visto muitos altos e baixos nos negócios. Ele aprendeu suas lições da maneira mais difícil ao longo de três recessões (de acordo com John, a do início dos anos 1980 foi a pior). Ele não investe no mercado de ações — não confia nesse tipo de coisa. Ele confia apenas em seus próprios bens pessoais, outdoors e bens imobiliários, e guardou dinheiro suficiente para ter uma aposentadoria segura.

O que eu gosto em John é que, embora ele não tenha um plano formal por escrito, da maneira ortodoxa que sugerimos que deve ser feito, ele tem muita experiência com recessões e sabe tomar decisões sábias com base nessa experiência. Do seu jeito, ele realmente tem um plano. "Se você nunca experimentou uma crise", diz John, "e está numa economia em crescimento, então você presume que isso vai apenas continuar. As pessoas ficam tensas e não sabem quando é a hora certa de fechar a torneira". John tem um plano para quando for necessário fechar a torneira!

QUÃO COMUM É TER UM PLANO PARA RECESSÃO?

Colocaremos as coisas desta forma: nos últimos anos, conforme temos cruzado o país e conversado com CEOs, líderes de negócios e executivos, sempre fazemos questão de perguntar quem na plateia tem um plano para recessão por escrito — poucas pessoas levantam a mão!

Também perguntamos se, na opinião deles, a próxima recessão vai aumentar, diminuir ou manter os lucros de suas empresas da mesma forma. Quase dois terços — 66 por cento — dizem que uma recessão vai diminuir seus lucros. Pense nisso. Esses líderes acreditam que a recessão vai ser ruim para eles — e ainda assim nenhum deles tem um plano para fazer algo quanto a isso!

Infelizmente, eles provavelmente estão certos sobre a próxima recessão diminuir seus lucros. De acordo com um artigo de 2010 da *Harvard Business Review*, apenas cerca de nove por cento das empresas pesquisadas "floresceram" após uma desaceleração. Esse número seria maior hoje em dia? Provavelmente não. No mesmo artigo, os autores apontaram quão pouca pesquisa havia sido feita até então sobre "estratégias que podem ajudar empresas a sobreviver a uma recessão, ir em frente durante uma recuperação em crescimento lento e estar prontas para vencer quando os bons tempos voltarem".

Há mais pesquisas disponíveis hoje? Na verdade, não. Mas há *uma* exceção a essa escassez de material: nossa pesquisa. Conduzimos pesquisas originais, investigando várias empresas a respeito de seus planos para a próxima recessão. Este livro, de fato, foi escrito a partir dos resultados desse trabalho.

Para dizer de forma mais clara: a próxima recessão está de fato chegando, e, mais do que provavelmente, apenas cerca de nove por cento das empresas florescerão após a crise — queremos que você, com nossa ajuda, faça parte desses nove por cento. Mais uma vez, quase ninguém tem um plano para sobreviver a uma recessão — muito menos para capitalizar sobre uma recessão! Essas informações, por si só, o colocam em vantagem. **Agora, o que você vai fazer a respeito?**

O QUE É UM PLANO PARA RECESSÃO?

Um plano para recessão é um documento escrito com itens de ação planejados. O que o torna tão vital é que ele é criado sob a luz fria e racional do dia, *antes de ser necessário* — não no calor da noite, quando a paixão e a emoção são maiores.

Por que isso importa? Pense no paisagista Sebastian novamente. Quando ele recebeu a má notícia, foi muito para se lidar — compreensivelmente. *Não* havia respostas positivas. Ele estava perdendo seus experientes trabalhadores imigrantes do programa H-2B, pessoas que conhecia há anos. No total, ele estava perdendo mais de mil anos de experiência da noite para o dia! Sebastian ficou sobrecarregado. O que ele iria fazer? Como poderia atravessar aquele período?

Com o passar do tempo, a situação foi ficando ainda pior. Seus novos contratados não apareceram para trabalhar. Ele teve de lidar com mais de quinhentos cancelamentos e ausências. Sebastian, que não trabalhava em campo havia mais de vinte anos, se viu obrigado a botar a mão na massa — a única vantagem foi que ele perdeu treze quilos por conta de tanto estresse e trabalho físico.

Sebastian acabou sobrevivendo à recessão e agora está reconstruindo a empresa a partir do zero, para que ela se torne forte a longo prazo. Ele perseverou por conta de sua vontade de ser bem-sucedido, das pessoas, dos processos e da cultura que ele desenvolveu.

Em uma situação tão estressante, é naturalmente difícil tomar boas decisões. É normal ficar numa postura defensiva, deitado em posição fetal. "É difícil ler a etiqueta quando você está dentro do frasco", como afirma o autor Dave Rendell. Mas quando você tem um plano para recessão em vigor, você se posiciona na ofensiva. Você sabe o que deve fazer e está pronto para fazer. Essa preparação lhe dará confiança e paz de espírito.

"É por isso que os planos de contingência são tão importantes", diz CJ Rhoads, autor de *The Entrepreneur's Guide to Running a Business*. "Líderes fortes já têm, em seus bolsos, um Plano B, um Plano C, um Plano D, E, F, e G. Quando uma crise se instaura, não há tempo a ser perdido. Não podemos esperar o problema para desenvolver as relações necessárias para resolvê-lo. Essas relações já devem existir."

De acordo com Herm J. Schneider, da x10 Consulting:

> A maioria dos líderes empresariais deve estar ciente de que alguns de seus concorrentes estão, na verdade, paradoxalmente, ansiosos pela próxima recessão. Empresas com esta abordagem já aprenderam que, preparando-se para o futuro, podem dominar o mercado, enquanto outras do mesmo ramo têm dificuldades durante uma crise devido à falta de planejamento. Essas organizações de alto desempenho já estabeleceram as competências essenciais necessárias para identificar e antecipar mudanças direcionais no ciclo comercial.

AVALIAÇÃO DE PREPARO PARA RECESSÃO: PERGUNTA Nº 1

Sua empresa tem um plano de ação por escrito para a próxima recessão ou para um grande impacto na organização (por exemplo, a perda de seu maior cliente)?

Aqui e durante todo o processo de Avaliação de Preparo para Recessão (APR), você vai pontuar verde, amarelo ou vermelho. Por exemplo, se marcar verde na primeira pergunta, significa que você está em boa forma. Continue a fazer o que está fazendo! Mas tente ir para o próximo nível, observando como descrevemos a resposta verde e a usamos como inspiração. Vamos mostrar o que estamos querendo dizer...

Na pergunta nº 1 da APR, um grande exemplo de resposta verde pode ser visto com a empresa de Paul, a Roth. Como sabemos, ele tinha um plano de ação escrito para a próxima recessão e o executou. Ele pegou os melhores talentos que estavam em sua divisão de construção e os realocou em outros serviços, antecipando-se às mudanças de desejos e necessidades que ocorrem em uma recessão. Paul e sua equipe sabiam que, em uma recessão, serviços de AVAC, gestão de energia e manutenção seriam mais procurados do que construção de AVAC. Em um período de crise, os clientes querem manter os equipamentos existentes (serviço), e não instalar novos equipamentos caros (construção).

Durante a recessão, Paul executou seu plano e reformulou a empresa — "*Roth: Powered by Green*" — para enfatizar a sustentabilidade e a gestão de energia sob demanda que seus serviços poderiam oferecer aos clientes. A Roth começou a propor preços em termos de retorno sobre o investimento (ROI) e focou em entender qual era a expectativa de prazo que os clientes tinham em relação a esse retorno proporcionado pela economia de energia e manutenção. Por causa da mudança feita pela Roth, a empresa começou a ser paga por seu capital intelectual, o que aumentou a margem de lucro.

A Roth teve a sorte de ter sido atingida pela recessão após essa conversão da empresa (de deixar de se concentrar na construção para se concentrar no serviço). Muitos de seus clientes estavam evitando adquirir novas instalações, mas eles estavam mantendo os espaços que já tinham — e procurando cortar custos. Usando seu plano de recessão, a Roth mudou o relacionamento com os clientes: **a empresa deixou de ser "apenas uma construtora" para ser uma "parceira" de seus clientes — trabalhando com eles para reduzir o consumo de energia e as despesas de manutenção, e trazendo ideias de valor agregado.**

Você se identifica com a história de Paul? Se você tiver um plano de ação no qual confia e que pode impulsionar sua empresa, assim como ocorreu na Roth, marque VERDE na pergunta nº 1 da APR.

No entanto, se sua situação é como a da maioria das outras empresas, provavelmente, você ainda não chegou lá. Pode ser que você tenha algum tipo de plano estratégico, mas ele não se trata um plano de ação dedicado e escrito para a próxima recessão. A comparação com sua concorrência não foi feita. Falta entendimento completo dos gatilhos que aumentarão o valor da sua empresa em uma recessão — e você provavelmente não está pronto para realocar seus melhores talentos para áreas que darão suporte a um plano estratégico mais amplo, para aumentar o valor do seu negócio. Se isso se assemelha ao seu caso, marque AMARELO nesta pergunta.

O que fazer, então, para chegar ao patamar onde você quer estar? Se seu status for amarelo em relação ao plano de ação escrito, é necessário começar a se comparar com seus concorrentes, identificando as lacunas que seu negócio tem e que a concorrência não tem. Veja que alavancas maximizam o valor do seu negócio e qual o status dessas alavancas. Somente identificando essas lacunas será possível começar a implementar estratégias para preenchê-las.

Por fim, se você não tem nenhum plano escrito para a próxima recessão —basicamente a situação em que Jonathan se encontrava com a Fitness Together —, você está na zona VERMELHA. Ligue para a emergência! O verdadeiro perigo aqui é a falta de conscientização. Muitas empresas não alcançam a conscientização até que estejam de fato em uma recessão (quer seja uma recessão econômica ou apenas uma repentina queda interna), quando já é tarde demais.

Você não gostaria de precisar trocar o pneu no meio da estrada, correndo a cem quilômetros por hora. É exatamente assim que vai ser se tentar criar seu plano de recessão durante uma recessão. Lembre-se: você precisa de um plano elaborado na luz racional e fria do dia, não no calor emocional da noite. É necessário discutir e praticar o plano agora, de modo a passar rapidamente para a execução quando for necessário, sem perder tempo tentando convencer sua equipe — e você mesmo — de que está na hora de agir.

Se marcou vermelho nesta pergunta, cabe a você começar a agir, rápido!

> A preparação prévia e a documentação são fundamentais para prosperar durante qualquer período de crise.

NÃO INCENDEIE A CASA!

Durante uma recessão, você pode se deparar com o desejo de literalmente atear fogo em seu próprio negócio. É um impulso compreensível! Todos nós ouvimos histórias sobre pessoas que tentam conseguir o dinheiro do seguro dessa forma. Pesquisas mostram que as pessoas de fato não cometem esse crime com mais frequência durante um período de recessão do que quando a economia está forte. Zachary A. Powell, da Universidade do Texas, conduziu um estudo de doze anos para verificar se esses casos incendiários com intenções de lucro aumentam durante períodos de crise e não encontrou correlação. No entanto, se você está *considerando* incendiar seu negócio, por favor, guarde os fósforos — há uma outra maneira!

Como veremos mais adiante, quando falarmos sobre a criação de seu "Freio de Emergência" do plano de recessão, parte do processo envolve definir "níveis" a serem ativados quando certas métricas predeterminadas forem alcançadas. Se definir seus níveis de forma correta, você permanecerá calmo e não ficará tentado a cometer uma fraude de seguro (que, além de ser algo perigoso, é ilegal)! Um plano de recessão funciona melhor se você **definir seus níveis** à frente do tempo.

É uma maneira de salvá-lo de si mesmo!

O que queremos dizer com isso? Como seres humanos, instintivamente, nossos cérebros reagem a uma crise pisando no freio. De forma estranha, acontece algo semelhante na sexualidade humana. De acordo com Emily Nagoski, autora de *Come as You Are*, o sistema de excitação do cérebro (que é responsável por nos deixar excitados) é como o pedal do acelerador de um carro, e seu sistema de inibição é como os freios. Ao contrário do que poderia parecer, os momentos em que nosso cérebro nos inibe é quando ele tem maior poder e impacto sobre nós. (Na capa da *The Atlantic* com destaque para Kate Julian, apropriadamente intitulada "A Recessão do Sexo", ela recorre a essa pesquisa para examinar o fenômeno do desinteresse dos jovens pela intimidade.)

Não se trata apenas de sexo! Também vemos os mesmos padrões em nós mesmos com outros tipos de sentimentos: as emoções negativas são geralmente mais fortes e mais viscerais do que as positivas.

O que esses vieses têm a ver com as recessões? Eles podem nos desviar do caminho, se não estivermos atentos. As recessões são uma zona de guerra emocional. A beleza de ter um plano escalonado, para casos de emergência, é que ele elimina as decisões estressantes e emocionais que os líderes geralmente têm que tomar durante esses tempos. Por tudo ter sido preestabelecido, não há incerteza sobre o que precisa ser feito. Tudo o que resta é executar se e quando chegar a hora (e as recessões sempre chegam).

Podemos ver um grande exemplo de planejamento antecipado em outro amigo nosso, Don Greenland, que era COO de uma grande empreiteira de sucesso. Mais de uma década atrás, eles criaram sua própria versão de um plano de recessão, chamada de Estratégia de Crise Econômica Nabholz. Embora o documento difira em alguns aspectos do que recomendamos aqui, as semelhanças são impressionantes. Ele e sua empresa fizeram um plano baseado em diferentes níveis, com cortes e reduções específicas associadas a cada um desses níveis — e sob medida para todas as diferentes unidades de negócios e escritórios dentro da organização em expansão.

O plano também incluía as melhores práticas, a serem executadas *em todos os momentos*, bem como oportunidades de crescimento para a empresa levar em consideração no caso de uma recessão, como novas tecnologias, equipamentos e setores para expandir.

A empresa de Don previu a Grande Recessão e começou a fazer mudanças com antecedência — mantendo seu organograma e as despesas gerais enxutas, o que lhe permitiu permanecer competitiva e obter mais trabalhos em seu backlog. Esse planejamento inteligente permitiu que a empresa mantivesse seus melhores talentos durante a recessão, além de atrair novos, pois ela possuía projetos destinados a manter as pessoas trabalhando (ao passo que seus concorrentes não tinham). Dessa forma, muitos funcionários excelentes foram contratados. As recessões são assim. Mas o ponto central da história é que eles tinham um plano e trabalharam nele.

Enquanto o paisagista Sebastian foi pego desprevenido pela recessão (não econômica), a empresa de Don pensou em tudo com antecedência, elaborou um plano e o implementou, o que possibilitou a capitalização de oportunidades e a contratação de grandes profissionais. Desde então, eles utilizam a Estratégia de Crise Econômica Nabholz com grande vantagem e, é claro, eles a mantêm atualizada, de modo que ela sempre representa a realidade da empresa.

> Sem um plano, as recessões são assustadoras. Com um plano, as recessões oferecem enormes oportunidades.

COMO SABER QUANDO UMA RECESSÃO ESTÁ CHEGANDO?

Ninguém sabe ao certo quando será a próxima recessão, e este livro não pretende dedicar-se a previsões. No entanto, a fim de fazer o melhor uso de seu plano de recessão, é importante saber quais indicadores monitorar. Avaliar a preparação de sua empresa para a recessão exige que você confira primeiro sua própria consciência econômica.

Há *muitos* indicadores diferentes para os quais você pode olhar para entender qual é a situação da economia, desde as taxas de desemprego até a confiança do consumidor em relação à dívida doméstica e muito mais. Houve até mesmo um artigo no *Journal of Economic Psychology* que trouxe um sólido argumento de que é possível prever recessões com base em "pensamentos pessimistas em músicas populares".

O autor desse texto inusitado, Harold M. Zullow, argumenta que a repetição de palavras e frases pessimistas em canções populares coloca o país de mau humor — e quando o humor nacional muda negativamente, isso significa que estamos a cerca de nove meses de uma recessão. Os norte-americanos ouvem tais canções e começam a se sentir incomodados. Por exemplo, a recessão de 1969-1970 era apontada pela banda Credence Clearwater Revival em "Bad Moon Rising", cuja letra está cheia de pensamentos pessimistas: *"I see a bad moon a-rising/I see trouble on the way/I see earthquakes and lightning/I see bad times today."* ("Vejo uma lua ruim em ascensão/Vejo problemas a caminho/Vejo terremotos e relâmpagos/Vejo tempos ruins hoje.")

É claro que há um elemento de profecia em tudo isso, e não apenas no caso das canções tristes. Quando os consumidores ouvem más notícias sobre a economia e começam a se preocupar com suas finanças pessoais, eles deixam de gastar. Lojas, por sua vez, deixam de estocar a mesma quantidade de itens. Fabricantes são forçados a desacelerar a produção. Tudo isso pode levar à recessão.

Novamente, não há respostas fáceis quando se trata de prever a próxima recessão ou saber se você deve ser otimista ou pessimista diante de diferentes tipos de evidências. O que importa é entender que *vai acontecer.* Mais uma vez, é uma questão de quando, não se. Esperar que venha mais tarde, em vez de mais cedo, não é bom o suficiente. Como autor e especialista financeiro, John Mauldin gosta de dizer: "A esperança não é uma estratégia."

De acordo com Mauldin, "seja lá quando isso acontecer, a próxima crise atingirá milhões que ainda não se recuperaram da última recessão, mais milhões que se recuperaram, mas esqueceram como era ruim, e mais milhões que chegaram à idade adulta antes do *boom*".

Então, como saber quando vai acontecer? De acordo com um artigo de 2006 de John A. Pearce II e Steven C. Michael, mesmo os economistas profissionais têm dificuldades para identificar e prever recessões. Eles salientam que, um semestre após o início da recessão norte-americana que começou em 2001, noventa por cento dos economistas não acreditavam que os EUA estivessem em crise!

Portanto, sim, até os especialistas erram. No entanto, acreditamos que, para os fins deste livro, há um indicador confiável que pode ser utilizado como referência por você — o qual dirá com relativa certeza que uma crise é iminente. Estamos falando sobre a **curva de rendimento.**

Se você decidir olhar apenas para uma métrica de maneira a prever uma recessão, esta é **a** métrica. Mas o que *é* uma curva de rendimento? Pense em um empréstimo: é claro que se você estiver devendo um empréstimo de dez anos, deverá pagar uma taxa de juros mais alta do que se fosse um empréstimo de dois anos, certo? Mesmo sem saber nada sobre economia, qualquer um concordaria com isso. Não é diferente do que se um amigo seu dissesse: "Ei, me empresta quinhentos dólares, e eu pagarei de volta em um ano." Você gostaria de receber seu dinheiro de volta com juros ou seu dinheiro de volta na próxima semana?

Quando você recebe mais juros para empréstimos de curto prazo do que para empréstimos de longo prazo, algo não está certo. Você já viu isso nos noticiários. Chamamos esse movimento de inversão — uma curva de rendimentos invertida. Indica incerteza econômica e, muitas vezes, uma desaceleração esperada na economia.

Quanto tempo depois de uma inversão acontece uma recessão total? Historicamente, entre 10 e 22 meses depois. Se observar e prestar atenção nas notícias sobre curva de rendimento invertida, você terá alguma indicação de que estamos nos aproximando de uma recessão — e de que devemos, é claro, nos planejar para isso.

AVALIAÇÃO DE PREPARO PARA RECESSÃO: PERGUNTA Nº 2

O time de liderança da sua empresa entende e acompanha indicadores econômicos básicos (por exemplo, a curva de rendimento e a taxa de desemprego)?

Aqui, mais uma vez, um grande exemplo de uma empresa que pontua VERDE é a empresa de Paul, a Roth. Quando se tornou presidente, Paul foi uma adição incomum à equipe, por ter tanto um CPA quanto um MBA e estar em uma construtora. Esse não é o background típico dos líderes de empresas dessa área. Entretanto, tal formação serviu bem à empresa. Os pontos fortes de Paul são macroeconomia, finanças e estratégia. Ele era a pessoa certa no momento certo para fazer previsões sobre a economia.

É disso que você também vai precisar. Se você marcou verde aqui, significa que entende como a economia afeta seus negócios. O que é ótimo — mantenha-se assim! Uma palavra de cautela, porém: muitas empresas *acham* que têm essa parte sob controle, quando na realidade não têm os recursos internos necessários (ou seja, alguém como Paul). Por causa disso, elas não sabem *o que* não sabem, e essa é a posição mais perigosa de se estar.

Se você estiver observando apenas alguns indicadores, sem realmente investir tempo em pensar na forma como eles impactam seu negócio, marque AMARELO. Você precisa procurar e usar assessores externos para preencher essa lacuna. Quem em sua rede de contatos tem um olhar diferenciado sobre economia, sabe como a economia pode impactar sua empresa e pode ajudá-lo a não ser pego de surpresa? Procure, encontre essa pessoa e tire o maior proveito que puder de sua experiência e conhecimento.

O que você *não* quer fazer, mais uma vez, é ser como Jonathan. Na Fitness Together, Jonathan marcaria vermelho nesta pergunta. Ele não se atualizava sobre indicadores econômicos. Ninguém no time de gestão realizava as pesquisas necessárias de forma intencional. Na melhor das hipóteses, eles estavam prestando atenção ocasionalmente ao que estava acontecendo com o desemprego. Mas faltava *ação*.

Se estiver em uma situação semelhante e marcar VERMELHO nesta pergunta, você está atrás da concorrência. Você é reativo ao invés de proativo, e provavelmente terá de cortar despesas gerais, reduzir o número de funcionários e ficar na defensiva quando a próxima recessão chegar. Uma vez que os indicadores sugerirem que estamos em uma crise, será muito tarde para capitalizar sobre a miríade de oportunidades. Siga as recomendações para "amarelo" desde já ou prepare-se para fazer cortes dolorosos na próxima recessão. Confira www.recession.com para obter mais recursos.

Você ainda está conosco? Muito bem.

Agora, como de fato criar seu plano?

SEU PLANO DE RECESSÃO

Para criar um plano para recessão, primeiro você precisa obter informações sobre a sua organização. Você já preencheu sua Avaliação de Preparo para Recessão. Agora, a fim de completar esse processo comparativo de avaliação em relação a seus concorrentes, você precisa reunir os fatos e os números necessários para entender o que deve entrar em seu plano.

Primeiro, colete seus demonstrativos financeiros atuais, incluindo o demonstrativo de renda (até os itens de despesa), o balanço patrimonial, o demonstrativo de fluxo de caixa, o inventário de equipamentos/bens, o backlog e a relação de trabalho em progresso (WIP).[3] Segundo, olhe para o histórico dos anos anteriores: suas antigas declarações de renda, seu backlog passado e os relatórios de WIP. Quais são as tendências que você observa?

Você sabe quanto sua empresa vale atualmente? Consulte seus assessores financeiros para uma rápida estimativa. É surpreendente a quantidade de proprietários que não sabem esse número ou não têm uma estimativa — razão pela qual nunca tomam as medidas necessárias para aumentar drasticamente o valor de suas empresas. É tudo uma questão de entender onde você está agora e o que poderá aumentar o valor de sua empresa.

Em seguida, pegue sua lista de funcionários atuais e certifique-se de que ela inclui nome, departamento, salário/remuneração e cargo. Reúna todos os seus documentos de planejamento estratégico relativos à missão, visão, valores e objetivos. Por fim, faça uma lista dos seus vinte principais clientes (empresa, receita, margem bruta e lucro líquido) e vinte principais fornecedores (empresa e total de gastos anuais com cada).

Agora que você tem todas essas informações, o que fazer com isso? Como veremos nos capítulos seguintes, não há uma solução que funcione para todos. Mas, de acordo com o artigo de 2010 da *Harvard Business Review* mencionado anteriormente neste capítulo, **as empresas que têm o melhor desempenho em vendas e EBITDA (Lucros antes de Juros, Impostos, Depreciação e Amortização) após uma recessão são as que se concentram simultaneamente em três instâncias: aumentar a eficiência**

---

[3] WIP (*Work In Progress*) se aplica geralmente a empreiteiros ou fabricantes.

operacional, desenvolver novos mercados e ampliar a base de ativos. Essa combinação provou ser a ideal de acordo com a HBR — e em nossa própria pesquisa também.

> Claramente, é hora de deixar de lado a sabedoria convencional de que o melhor movimento em uma recessão é simplesmente demitir pessoas e cortar as despesas gerais.

AVALIAÇÃO DE PREPARO PARA RECESSÃO: PERGUNTA Nº 3

A visão, a missão e os valores de sua empresa estão documentados por escrito e são exemplificados diariamente por meio de comportamentos em todos os níveis da organização?

Embora a Fitness Together não tivesse um plano de recessão, surpreendentemente, eles tinham visão, missão e valores. Eles usaram o livro *Traction* [Tração], de Gino Wickman, como metodologia orientadora e faziam reuniões a cada trimestre para falar sobre seus Valores Fundamentais, seu Foco Central™ e sua Meta de 10 anos™, bem como para falar das estratégias para alcançar esses pressupostos. A realização de algo similar pode ser marcada como VERDE na pergunta nº 3.

Paul também utilizou um livro, *A Estratégia do Oceano Azul*, como modelo para o planejamento estratégico e, com base nisso, realizou sessões de brainstorming com o time de liderança da empresa, bem como para redigir uma série de relatórios. A ideia era identificar onde o negócio estava com dificuldades, em meio à competição na precificação do trabalho (o sangrento oceano vermelho). Eles examinaram seus bens e talentos, e depois engajaram o time de liderança em criar um espaço de mercado incontestável (um oceano azul), utilizando a propriedade intelectual da empresa para tornar sua concorrência irrelevante.

Este planejamento estratégico provou ser inestimável. A Roth mudou seu curso utilizando economia de energia, economia em manutenção e retorno sobre investimento como seus principais diferenciais. Eles impulsionaram seus talentos internos e o capital intelectual para ajudar seus clientes a reduzirem o consumo de energia: a Roth se tornou *parceira* de seus clientes.

Mesmo que você tenha marcado verde aqui, no que tange ao planejamento estratégico, encorajamos você a permanecer aberto para aprender mais. Considere contratar um consultor para orientar uma de suas reuniões. Grandes consultores conduzem um alto volume de sessões de planejamento estratégico a cada ano e podem trazer novas ideias à sua equipe, como a Estratégia do Oceano Azul[4], para ajudá-la a avançar mais rápido! Lembre-se de que você recebe pelo que paga, então faça um orçamento compatível com a sua realidade. Ao contratar um consultor ou coach, você está confiando-lhes seu patrimônio mais importante: seu negócio. Pesquise e selecione-os com atenção.

Você precisa ter um foco direto e intencional. Se não for o caso, marque AMARELO. Há muitos líderes por aí que se enquadram nesta categoria. Eles estão cientes da importância de se ter visão, missão e valores, mas não pensam que isso se aplica a eles. Ou isso, ou são excessivamente otimistas e acreditam que tudo vai funcionar. Eles acham que estão muito ocupados para perder tempo com planejamento. Um grande (potencialmente fatal) erro.

---

[4] Conceito de negócios que incentiva a busca por mercados ainda não explorados, introduzido por W. Chan Kim e Renée Mauborgne no livro *A Estratégia do Oceano Azul*. [N.E.]

Não é o suficiente. Se você marcou amarelo nesta pergunta, vai ter de reunir uma equipe de assessores externos e internos e começar a trabalhar em seu benchmarking. Este também é um ótimo momento para começar a usar o Entrepreneurial Operating System® (EOS® ou "Traction") em seu negócio e pensar de forma deliberada sobre o que você quer ser e para onde quer levar sua empresa nos próximos três a cinco anos. EOS® é um de muitos sistemas operacionais de negócios que comprovadamente ajudam a estabilizar e fazer seu negócio crescer.

Atenha-se ao que é simples e poderoso. Sua visão, sua missão e seus valores devem constituir apenas uma página. Não se trata de escrever um manifesto que ficará guardado em algum lugar de seu servidor e que ninguém nunca lerá. O objetivo é ser claro e conciso. Seu plano é poesia: cada palavra importa. É a oportunidade de contar uma história única para o mundo — tanto para audiências internas quanto externas.

Enfim, se você atualmente não tem nenhuma visão anotada em um documento escrito, deve marcar VERMELHO nesta pergunta. Não pense que apenas terá sorte, sem se dedicar ao trabalho. Como Thomas Jefferson disse: "Eu acredito demais na sorte. E tenho constatado que, quanto mais duro eu trabalho, mais sorte eu tenho." Uma grande economia pode sustentar todos os barcos de pé, mas numa economia ruim (assim como dizia uma das famosas frases de Warren Buffett), você descobre quem está nadando pelado porque a maré abaixa.

> Se você tem trabalhado sem um plano estratégico, você está nadando pelado.

Agora você tem o autoconhecimento para fazer uma mudança. Vá adiante e comece a implementar as recomendações necessárias ao status amarelo, mas tenha noção de que vai ser uma longa jornada (pelo menos dois anos). Confira www.recession.com para obter mais recursos.

JONATHAN: POR QUE É TÃO IMPORTANTE TER AS PESSOAS CERTAS NA SALA

Eu havia sido contratado por uma grande subempreiteira elétrica nacional para ajudar na expansão de seus negócios, e me lembro de um dia movimentado de planejamento estratégico em que iniciamos o dia com dez pessoas na equipe de gestão e terminamos com a metade desse número. Às oito da manhã, começamos a conversar sobre como (a fim de fazer o negócio crescer) a empresa precisava ter uma equipe de gestão que fosse menor — que pudesse ser mais ágil. Às dez da manhã, fizemos uma pausa e, por uma difícil decisão do CEO, cinco pessoas arrumaram suas coisas e deixaram o time de liderança executiva naquele momento. Esses indivíduos permaneceram na empresa, mas foi um movimento tectônico.

Esse momento simbólico mostra a importância de escolher as pessoas certas para o time de liderança, de modo que sua empresa possa levar as coisas para o próximo nível. Às vezes, é necessário um evento dramático, como cortar o time de liderança pela metade, para que as coisas possam ser vistas com clareza. Neste caso, foi preciso um dia inteiro de planejamento estratégico para que pudéssemos conseguir olhar o panorama geral e fazer grandes ajustes.

As reuniões trimestrais de planejamento estratégico servem como catalisador para as mudanças em uma empresa em crescimento.

AVALIAÇÃO DE PREPARO PARA RECESSÃO: PERGUNTA Nº 4

Sua empresa tem um plano estratégico focado, por escrito e de longo prazo, ao qual você dedica pelo menos um dia a cada trimestre para atualizá-lo?

Seu time de liderança gasta pelo menos um dia a cada trimestre fazendo planejamento estratégico, incluindo a atualização de seu plano de recessão, e faz uma análise das lacunas de talentos, produtos, serviços e presença geográfica? Se for o caso, marque VERDE.

Encorajamos você a realizar reuniões trimestrais fora do local de trabalho para elaborar seu plano estratégico e a usar um consultor ou facilitador externo para ajudar a planejar e executar as reuniões — e responsabilizar você, leitor, por seus atos.

Por que é tão importante ter um consultor ou facilitador? Sem uma mão experiente para ajudar a orientar o processo, o que inevitavelmente acontece é que o CEO ou o COO realiza a reunião de planejamento estratégico — e não é capaz de participar plenamente. Isso é um erro. Por que você iria querer *uma das vozes mais importantes da sala* preocupando-se em garantir que todos participem, em vez de estar totalmente empenhado em se dedicar aos assuntos em questão e contribuir de fato para o trabalho que está sendo feito?

Todo o time de liderança precisa estar presente. Passe um dia inteiro com eles desenvolvendo o trabalho de equipe e a cultura de trabalho, reiterando os valores fundamentais. Fale sobre suas iniciativas estratégicas. Compartilhe finanças de alto nível. Tenha indivíduos e equipes selecionados que apresentem aquilo em que estão trabalhando e destaque alguns desses colaboradores-chave em uma base rotativa. Então, quando a reunião terminar, todos terão entendido as principais metas para o trimestre — e seus respectivos papéis para alcançar esses objetivos.

Ao iniciar esta jornada, você pode estar desatento a elementos-chave de planejamento estratégico, como uma análise das lacunas de cada área. Se isso lhe parece familiar, marque AMARELO. Aproveite a oportunidade da reunião realizada em local externo para analisar essas áreas e preencher as lacunas.

Se você é um empresário que começou um negócio de casa e nunca foi treinado ou orientado, pode não ter a perspicácia comercial para detectar *o que você não sabe*. Se não estiver executando planejamentos trimestrais, marque VERMELHO. Mesmo que você seja muito forte tecnicamente, pense em contratar um especialista para ajudar a guiá-lo ao longo deste processo de planejamento estratégico. Ele fará toda a diferença em termos de crescimento de seus negócios.

AGINDO

Reúna a lista de materiais recomendados neste livro e disponibilize a Avaliação de Preparo para Recessão para toda a sua equipe (disponível também em www.recession.com/ready).

CAPÍTULO DOIS

SEGUNDA MARCHA: AJUSTAR

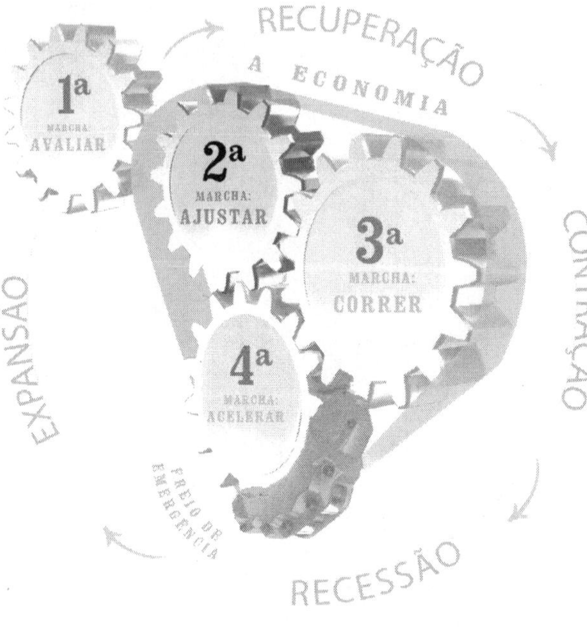

Instruções para o uso da Caixa de Câmbio da Recessão:

- 1ª Marcha (Avaliar): sempre comece com a 1ª Marcha
- **Em seguida, engate a 2ª Marcha (Ajustar), 3ª Marcha (Correr) e/ou 4ª Marcha (Acelerar), dependendo de como estará "A Economia"**
    - **Se A Economia estiver nos estágios de Expansão ou Recuperação do ciclo, engate a 2ª Marcha, então a 3ª Marcha e, a seguir, a 4ª Marcha**
    - Se A Economia estiver em Recuperação ou Contração, engate a 3ª Marcha e, então, a 4ª Marcha
    - Se A Economia estiver em Contração ou Recessão, engate a 4ª Marcha imediatamente, se possível
- Use o Freio de Emergência em qualquer ponto, caso necessário.

Acima de tudo, use seu julgamento para determinar qual Marcha usar de acordo com as circunstâncias dentro da sua empresa e fora, na Economia.

PAUL: COMO CONSEGUI COLOCAR A CASA EM ORDEM ANTES DA RECESSÃO

No ano que antecedeu a Grande Recessão, me certifiquei — como parte de nosso plano para recessão — de falar com meu banqueiro sobre aumentar nossa linha de crédito. O objetivo era fazer isso mais cedo do que tarde. Também negociei a eliminação de nossas garantias pessoais e a melhoria de nossos convênios de dívida. Essas foram apenas algumas das maneiras através das quais consegui colocar nossa casa em ordem *antes* que a crise acontecesse. Fiz isso para que pudéssemos estar mais bem preparados para sobreviver a uma recessão e estar em condições de *expandir* durante a recessão.

A maioria das pessoas não pensa dessa maneira. Elas esperam até *precisarem* de seu banqueiro, até que *precisem* que sua linha de crédito seja aumentada — e até lá já é tarde demais. Essas coisas não podem simplesmente ser feitas em meio a uma recessão. É uma triste verdade que quando mais se precisa de dinheiro, ninguém quer emprestar. Em uma recessão, os bancos normalmente não vão estender seu crédito ou reduzir suas garantias pessoais e obrigações colaterais.

O melhor momento para pedir um empréstimo a seu banco, ou a seus investidores, é quando o período econômico estiver bom.

Os bancos ficam sedentos por negócios quando a economia está indo bem. Eles lutam por clientes. Oferecem os melhores acordos. Eles *querem* seu negócio. Pense em bancos como qualquer outra compra estratégica e conduza um pedido de proposta (*request for proposal*, ou RFP) para obter o melhor acordo com um banco que possa crescer com sua empresa.

O objetivo é fazer tudo isso de forma proativa. **Construa sua flexibilidade agora, para que, quando uma recessão ocorrer, você possa estar em posição de ataque.** Isso é verdade quer se trate de uma grande recessão econômica ou de apenas um de seus concorrentes entrando em recessão. Aproveite o fato de que a maioria das empresas não está agindo. Elas estão presas no *Feitiço* *do Tempo*[5] — fazendo a mesma coisa dia após dia —, tentando apenas acompanhar o turbilhão de coisas do cotidiano, sem pensar em obter uma maior capacidade de empréstimo ou reduzir seu risco financeiro. Elas não estão preparadas para uma tempestade repentina; estão totalmente expostas.

Líderes inteligentes sabem que o auge de uma recuperação é o momento ideal para segurar seus negócios e assuntos pessoais — não apenas como forma de limitar os danos em uma recessão, mas também para se preparar para tirar proveito das oportunidades surgidas.

Veja, por exemplo, Rob Strobel, da Lithko Contracting, uma empreiteira de concreto comercial de middle-market (segmento das empresas de médio porte). Ele não esperou por uma recessão para colocar a casa em ordem. Ele viu uma crise chegando e tomou atitudes, como baixar preços e se alinhar com seus principais clientes, de forma a construir um backlog estratégico. Essa visão à frente do tempo o levou a ganhar novos trabalhos, os quais permitiram que ele atravessasse as profundezas da recessão e tivesse capacidade para continuar a crescer. Esquilos têm um instinto biológico de colher nozes para o inverno; os líderes não. A menos que você preste atenção e tome medidas, sua empresa vai passar fome.

Rob tem razão quando diz: "Há muita gente nesta indústria que não quer assumir riscos econômicos, então não há inclinação para investimentos em tempos de crise. Em vez de olhar para as possibilidades de ganhos e participação no mercado, os gestores pensam em reduções. É um erro. Quando o mercado volta, se

---

5 Filme estadunidense de 1993, em que o personagem principal fica preso em uma armadilha do tempo e revive o mesmo dia inúmeras vezes. [N.E.]

você tiver uma fatia de mercado adicional, poderá subir *com* o mercado e ter um crescimento considerável."

Os números de Rob falam por si mesmos. Desde que saiu da recessão em 2011, a Lithko já teve mais de vinte por cento de crescimento anual composto. Não é surpresa que, quando perguntado sobre como ele se sentia sobre a próxima recessão, Rob tenha respondido: "Ela poderia chegar mais rápido."

E você? Vai ser como eu e Rob, ou vai ser como todos os outros? A boa notícia é que apenas lendo este livro você já estará bem encaminhado para a próxima recessão. Na Primeira Marcha, você *avaliou* — comparou sua própria prontidão com a de outros, viu onde estava em relação aos demais e concluiu que precisa de um plano para estar preparado para recessões, tanto externas quanto internas.

Agora, na Segunda Marcha, é hora de colocar a caneta no papel.

STRESS TEST PARA SUA PRONTIDÃO DE RECESSÃO

Para garantir que você tem o que é preciso para resistir a uma crise, você precisa testar sua empresa em uma série de maneiras diferentes. Cada um desses chamados "stress tests" é importante, e todos eles trabalham em conjunto uns com os outros. Ignore qualquer um dos testes por sua própria conta e risco!

ZIPE SEUS RELACIONAMENTOS

Como Mike Lancaster, da Frank L. Blum Construction, questiona: "Suas relações com clientes e fornecedores estão 'zipadas' de cima para baixo?" Um grande erro que as pessoas cometem é ter apenas um contato em cada empresa com as quais trabalham. O problema, é claro, é que em uma recessão seu contato pode ser demitido, e então você terá de partir do zero! Você sempre precisa conhecer o chefe do seu contato, assim como precisa saber quem são as outras pessoas que trabalham para esse mesmo chefe. A última coisa que você quer é ter de ligar de repente para o chefe, que não o conhece, depois que seu contato primário tiver saído.

A fim de saber quais relações merecem ser fechadas com zíper, você precisa saber quem são seus principais fornecedores e clientes e como essa lista tem evoluído ao longo do tempo. Quem são eles este ano e quem eram eles no ano passado? Que diferenças você vê entre a lista deste ano e a do ano passado? Quais são as surpresas?

Algum de seus principais clientes está em risco devido a uma recessão em sua respectiva indústria? Algum deles representa dez por cento ou mais de sua receita?

Lembre-se, **perder um grande cliente pode colocar sua empresa em uma recessão.** Por isso é tão importante ser vigilante — e até mesmo obsessivo-compulsivo — sobre a cobrança de contas a receber de seus maiores clientes, e que você realmente entenda qual é sua condição financeira o tempo todo. Como aprendemos, as recessões tendem a expor empresas que têm estado "nadando peladas". Peça atualizações regulares de seus clientes sobre seu pipeline de trabalho e sobre o que eles estão experimentando no mercado, e avalie o risco de atrasos em um determinado projeto ou nos pagamentos devido a uma desaceleração dos negócios do cliente. Quando você envolve seus clientes nessas discussões, será visto mais como um parceiro de negócios do que como um fornecedor. Portanto, não tenha medo de ter essas conversas.

Se você quer atacar o mercado, não pode ficar exposto! Certifique-se de que seus principais clientes estejam seguros e de que você terá prioridade na hora de receber o dinheiro que lhe é devido.

Não deixe de se perguntar: qual é a qualidade e a profundidade do meu relacionamento com cada cliente?

Um artigo de 2013 de Nickell, Rollins e Hellman enfatiza a importância das relações na sobrevivência e crescimento durante uma recessão: "Fazer parcerias com clientes-chave para trabalhar em conjunto durante os períodos de inatividade parece ser o mais crítico [fator] para o sucesso."

Mas você não deveria tratar todos os seus clientes da mesma forma? Sem rodeios: não. Em seu livro *The Pumpkin Plan*, Mike Michalowicz incentiva os leitores a sempre dar prioridade às *estrelas*. "Quando os bons chamam", escreve, "eles são atendidos primeiro. Os clientes que causam constrangimento a si mesmos são empurrados para o fim da fila… Eles entenderão o recado. Claro que isso é um pouco parecido com *Meninas Malvadas*[6], mas isso faz parte do trabalho."

AVALIAÇÃO DE PREPARO PARA RECESSÃO: PERGUNTA Nº 5

O time de liderança da sua empresa conhece a saúde financeira de seus principais clientes e fornecedores?

Isto significa pegar seus vinte principais clientes, separá-los pelos respectivos segmentos de mercado e analisar esses segmentos em termos de como uma recessão os afetaria. Você pode descobrir, por exemplo, que seu negócio tem um foco excessivo na indústria de varejo. Mas, ao segmentar mais o varejo, você entenderá que nem todo varejo é igual. Na verdade, **alguns clientes de varejo — como Walmart ou Dollar General — atualmente tendem a**

6 Filme de comédia estadunidense de 2004 que satiriza o bullying praticado por adolescentes populares no ensino médio. [N.E.]

ir melhor em uma recessão. Varejistas mais sofisticados, como a Tiffany & Co. e a Saks, tendem a tropeçar.

As empresas que marcarem VERDE nesta pergunta utilizarão esta análise para sair da zona de conforto e diversificar sua base de clientes, de modo a fortalecer segmentos de mercado e torná-los resistentes à recessão. Elas provavelmente reúnem-se trimestralmente com seus vinte principais clientes para avaliar sua saúde financeira. Se você fizer isso, conseguirá sempre se manter perto de seu cliente e da realidade, e poderá lidar com os fatos em relação a seu serviço ao cliente, a seus produtos e à sua competitividade conforme eles se desdobram.

Conversar com os clientes sobre quais são os planos deles para uma recessão e sobre como eles veem essa questão lhe dará um bom conhecimento sobre as intenções de expansão e ganho de vantagem durante uma recessão — ou você descobrirá que seus clientes estão planejando apenas ficar encolhidos no canto.

Ao tomar conhecimento de que um cliente vai se esconder dentro da casca como uma tartaruga e apenas tentar sobreviver, **você precisa levantar ideias de economia de custos para continuar sendo um parceiro de negócios com valor agregado relevante.** A questão é que, ao saber de antemão que seus clientes vão se comportar como tartarugas, você pode ser proativo e oferecer ideias de economia de custos para eles — ideias que lhe permitirão fazer parte do plano deles, em vez de fazer parte dos cortes!

Outro exemplo verde de resposta à pergunta nº 5 vem de um mestre de sushi de 74 anos do restaurante Kyubey, no distrito de Ginza, em Tóquio. Yosuke Imada é o dono do restaurante e, em uma visita recente, ele veio cumprimentar pessoalmente a família de Jonathan. Em uma entrevista publicada no *Wall Street Journal* em 2007, Imada disse que, quando a economia japonesa caiu em 1989, seu restaurante estava bem porque eles não tinham ampliado em demasia antes da recessão. Ele afirma que "o dinheiro de todos é o mesmo" e que os clientes não estarão por perto para sempre, por isso é importante tratar todos da mesma forma. O que mais impressionou Jonathan é que Imada ainda está "fazendo o que diz" mais de uma década depois. Se você estiver em Tóquio, faça a peregrinação ao restaurante Kyubey para experimentar um excelente sushi. É meio caro, mas você recebe uma lição "grátis" de como cultivar relações sólidas com seus clientes a cada refeição.

Por outro lado, se você sabe que seus clientes estão planejando atacar durante uma recessão e adquirir outras empresas ou bens, ter esse conhecimento de antemão permitirá um planejamento proativo que apoie esse crescimento.

Se já está fazendo essas coisas, ótimo — você marcou verde. Continue assim! Mas se você é como Jonathan era com a Fitness Together, deve marcar AMARELO. Em seus estúdios de personal training, Jonathan tinha clientes que começavam cada sessão de uma hora com quinze minutos na esteira, o que era uma ótima maneira de descobrir como eles estavam se sentindo. Frequentemente, eles desabafavam sobre seus receios em relação à economia e davam algumas ideias interessantes. Mas isso era tudo. Jonathan e sua equipe não fizeram nada com essas informações. Eles tinham um bom recorte da economia apenas por conversarem com seus clientes individualmente e ouvirem suas histórias. Em particular, eles aprenderam sobre diferentes frustrações em diferentes locais. Uma vez chegada a recessão, eles entenderam que, se fossem fechar algumas unidades, fazia mais sentido fechar as filiais de comunidades menos prósperas. Nos bairros mais abastados, as conversas com os clientes revelaram que a recessão só lhes custaria dinheiro no papel, mas não afetaria realmente sua decisão de compra quando se trata de saúde e bem-estar.

Então, se você é como Jonathan era e pontuou amarelo, continue falando com seus clientes e comece a ter mais disciplina em relação a essas conversas, bem como a planejar ações para aproveitar as informações que está reunindo.

Agora, se você não tem o hábito de conversar com seus clientes e fornecedores de qualquer forma organizada, seu ponto é VERMELHO aqui. Não é apenas uma questão de começar: você precisa mudar toda sua maneira de pensar. **Como líder da sua organização, cabe a você liderar a partir do front.** Se isso não faz parte da cultura do seu negócio, você tem um grande problema. Uma grande mudança é necessária. Comece a fazer com que seu time de liderança saia por aí e se encontre com clientes e fornecedores cara a cara. O tipo de informação que procuramos não é obtida em pesquisas por e-mail ou telefonemas rápidos.

Não posso enfatizar isso o suficiente: falar com os clientes é fundamental na construção de relacionamentos de longo prazo, pois significa que você está tendo conversas abertas e honestas com seu clientes-chave, os vinte por cento mais importantes (que frequentemente compõem cinquenta a oitenta por cento de sua receita). Se puder zipar esses relacionamentos, você estará em boa forma.

As relações com seus clientes e fornecedores estão "zipadas" de cima para baixo?

STRESS TEST PARA SEUS FORNECEDORES

Da mesma forma que as empresas prontas para a recessão permanecem em contato com seus clientes, você também precisa se encontrar regularmente com seus principais *fornecedores* para testá-los sobre sua organização. A empresa de Don Greenland, que citamos antes, é um grande exemplo dessa disciplina. Não só a empresa, a Nabholz, tem um plano de recessão muito forte, como também presta atenção singular à pré-qualificação de fornecedores e à sua saúde financeira.

> Fazer um stress test com seus fornecedores — colocando em prática um processo de pré-qualificação para eles e para as subcontratadas — é uma ótima maneira de garantir que os projetos e o inventário não saiam dos trilhos conforme sua empresa cresce.

Paul e sua equipe na Roth certamente lidaram com muitos vendedores e fornecedores nacionais e internacionais, mas eles não os testavam regularmente. No entanto, as reuniões com essa finalidade foram valiosas. Eles aprenderam como a nova tecnologia dos fornecedores beneficiava os clientes da Roth. Havia uma troca de informações aberta e feedbacks honestos de ambos os lados, com o objetivo de trazer aos clientes as mais novas inovações e com os melhores preços. Mas não houve um processo explícito na Roth para stress test.

É muito mais fácil acertar a disciplina se houver pessoas em seu time de liderança, e entre seus fornecedores, que realmente passaram por uma recessão antes. O mais importante é desenvolver a consciência crítica do que você não sabe ainda sobre as necessidades de seus fornecedores. Se você não entender do que eles precisam, não poderá tirar proveito das oportunidades que uma recessão pode apresentar, como a capacidade de negociar preços mais baixos para equipamentos e suprimentos.

AVALIAÇÃO DE PREPARO PARA RECESSÃO: PERGUNTA Nº 6

A margem EBITDA (Lucros antes de Juros, Impostos, Depreciação e Amortização) da sua empresa é a melhor possível dentro da sua área?

Quando você experimenta um crescimento substancial em todas as áreas de seu negócio, é possível crescer em meio a uma recessão. Se marcou VERDE na pergunta nº 6, isso significa que você tem uma forte margem EBITDA — de dez por cento ou mais — e que está bem posicionado para continuar a procurar novas oportunidades de crescimento dentro e fora de sua base de clientes.

Na Roth, por exemplo, por se tratar de um negócio de alta margem, Paul e sua equipe foram capazes de reinvestir capital em tecnologias ultramodernas. Eles tinham dezoito pessoas em seu departamento de TI, o que é bastante incomum para uma empreiteira. Eles desenvolveram programação própria para melhorar a experiência do cliente e reduzir as ineficiências operacionais. Se há uma forte margem EBITDA envolvida, é aconselhável tirar proveito do fluxo de caixa para investimento em produtos e serviços especializados, devido ao valor que essas propriedades intelectuais têm.

Mas se a sua margem EBITDA ainda não estiver boa — se você está *próximo* às melhores empresas do seu setor, mas ainda não chegou ao nível delas —, marque AMARELO aqui. Volte a se comparar com a concorrência para garantir que você descubra as alavancas necessárias para aumentar ou maximizar o valor do seu negócio. Em seguida, concentre-se nas estratégias para fomentar nichos singulares de negócios ou serviços de anuidade mais gerais.

Se sua margem EBITDA não for a melhor da sua área, e nem mesmo se aproxima desse nível, então marque VERMELHO. Chegou a hora de fazer uma revisão completa de todos os aspectos do negócio. Preste atenção e dispense todos os funcionários que não geram receitas e estratégias. Compare a empresa com outras e conheça as alavancas que poderão aumentar e maximizar o valor de seu negócio; depois, comece a puxá-las!

AVALIAÇÃO DE PREPARO PARA RECESSÃO: PERGUNTA Nº 7

Sua empresa tem de cinco a dez por cento de seus próximos doze meses de receita estimada como patrimônio líquido no balanço patrimonial?

Se você não entende a pergunta nº 7 da Avaliação ou a razão dela, invista em seu próprio crescimento financeiro pessoal!

Nosso stress test do balanço patrimonial mostra se você tem patrimônio líquido suficiente (cinco a dez por cento ou mais de seus próximos doze meses de receita estimada) para sobreviver a uma recessão. Se você tem um déficit de patrimônio líquido (menos de cinco a dez por cento dos seus próximos doze meses de receita estimada como patrimônio líquido no balanço patrimonial), que medidas você pode tomar para alcançar suas metas? Por exemplo, você pode considerar restringir todas as distribuições não tributárias, trabalhando para aumentar sua margem de lucro, ou cortar custos para reduzir as despesas gerais.

Pesquisas mostram que o tamanho da empresa e do balanço patrimonial são importantes quando se trata de sobreviver a uma recessão: quanto maior, melhor. O mesmo vale para o tempo de vida da sua empresa — quanto mais longa for a história do negócio, mais difícil será para ela ser derrubada por uma recessão. Mas o fator mais importante, de acordo com CJ Rhoads, é quanto dinheiro sua empresa *retêve* de seus ganhos ao longo dos anos. Quanto mais você economizar para tempos difíceis, mais terá a chance de prosperar durante uma recessão.

Diferentes indústrias têm padrões de referência diferentes, mas o denominador comum é que quanto mais mão de obra você tiver, mais perto de dez por cento no patrimônio líquido do balanço patrimonial você vai precisar estar em relação aos seus próximos doze meses de receita. Por exemplo, digamos que você tenha uma empreiteira de vinte milhões de dólares que também é uma subempreiteira que fornece mão de obra, e sua previsão para o ano seguinte lhe mostra que a empresa crescerá cerca de trinta milhões de dólares em volume. Neste cenário, você precisará de três milhões de dólares de capital próprio — dez por cento vezes trinta milhões de dólares — para fornecer o capital de giro necessário (sem sobrecarregar a sua empresa) para sustentar esse crescimento. Se, por outro lado, você for um empreiteiro geral que não fornece nenhuma mão de obra, cinco por cento no balanço patrimonial é suficiente, porque não há folha de pagamento semanal.

Aqui está uma dura verdade: **a maioria dos líderes empresariais não entende seus demonstrativos financeiros.** Eles não reservam tempo para entender o que é capital de giro e que nível de liquidez (dinheiro ou crédito) eles precisam para financiar e apoiar seu próprio crescimento.

Não seja assim. Aja agora para melhorar seu conhecimento sobre sua situação financeira. A força de seu balanço patrimonial é um indicador crítico, e, se você não o entendê-lo, não poderá usá-lo para crescer.

"Gerir seu negócio conhecendo a renda que ele gera é como matemática do ensino médio, gerir seu negócio conhecendo seu balanço patrimonial é como contabilidade da faculdade, e gerir seu negócio conhecendo a demonstração de fluxo de caixa é como ter um doutorado em finanças." — Paul Belair

Se você entende seu balanço patrimonial e sabe como utilizá-lo para sustentar seu crescimento, marque VERDE na pergunta nº 7. Seu balanço patrimonial é forte, e você deve ter conversas regulares com seu contador para discutir estratégias avançadas de evasão fiscal, a fim de maximizar o valor da sua empresa e do seu patrimônio líquido.

Se você *não* é proativo em discussões com seus parceiros e conselheiros de finanças, provavelmente seu conhecimento no assunto está limitado, então, pode marcar AMARELO. O primeiro passo é começar a olhar para seu banco como um parceiro de negócios.

Marcar amarelo significa que você provavelmente também não tem previsto sua linha de crédito e suas necessidades de caixa para os próximos doze meses. Reúna-se com seu banqueiro e faça previsões de saída de fluxo de caixa para os próximos quatro trimestres, visando entender suas necessidades de caixa. Se a análise mostrar que você terá que usar o máximo de sua linha de crédito no segundo trimestre, é necessário pedir *agora* uma extensão a seu banco. Seu banco trabalhará com você; no entanto, é seu papel ir proativamente até eles e demonstrar que está crescendo e lucrando, além de ter um plano para o sucesso.

E se você não estiver crescendo? Se seu caso é como o de Jonathan com a Fitness Together, você tem patrimônio líquido negativo em seu balanço patrimonial — o que significa que há mais passivos do que ativos. Infelizmente, isso era comum no negócio de Jonathan, o que significava que não havia espaço para o crescimento. Quando as coisas começaram a desacelerar com a recessão, as opções foram limitadas a fechar um ou mais de seus cinco estúdios ou vendê-los para seus gerentes ou funcionários (para assumirem a unidade e suas responsabilidades).

Se isso lhe parece familiar, se seu balanço patrimonial está fraco, então, marque VERMELHO nesta pergunta. Não é o fim do mundo, mas isso exige atenção imediata. É preciso ser honesto consigo mesmo e estabelecer uma meta FAST[7] (Finita, Atingível, Específica e Temporal) para melhorar seu balanço patrimonial. Isso não vai acontecer da noite para o dia, mas, passo a passo, você chegará lá.

Seja corajoso e discuta sua situação com seu banqueiro para encontrar soluções em conjunto. Seja vulnerável o suficiente para admitir a si mesmo que um balanço patrimonial fraco não é uma falha de caráter — mas não conferi-lo é um grande problema empresarial.

> Se não for controlado, um balanço patrimonial fraco derrubará sua empresa durante uma recessão.

AVALIAÇÃO DE PREPARO PARA RECESSÃO: PERGUNTA Nº 8

O time de liderança da sua empresa se reúne regularmente com seus representantes bancários para discutir a linha de crédito, a

[7] *Finite, Attainable, Specific, and Timely*. [N.E.]

fim de garantir que o limite seja o correto para as necessidades comerciais presentes e futuras?

Se você marcou VERDE na pergunta nº 8, significa que está tratando seu banqueiro da maneira que deveria — como um parceiro comercial estratégico. Você está mantendo-o informado sobre para onde está indo, onde está e onde tem estado. Não há surpresas porque você está sempre discutindo proativamente negócios com ele.

Infelizmente, a maioria das empresas não age dessa forma. Elas tratam seu banqueiro como se fosse um dentista, alguém que veem, a contragosto, duas vezes ao ano — e apenas porque *precisam*. Se isso se parece com a sua relação com seu banqueiro, marque AMARELO. Entenda que está apenas prejudicando a si mesmo dessa forma: **manter seu banqueiro de fora é uma atitude de autodestruição.** Pode parecer contraintuitivo, mas cuidar dessa importante relação irá diminuir sua ansiedade quando os tempos se tornarem difíceis.

Não podemos deixar de enfatizar isto: **conheça seu banqueiro.** Preste atenção em seus convênios de dívida e teste-os trimestralmente em uma base de doze meses. Esteja atento às projeções dos próximos seis meses e discuta proativamente com seu banqueiro para onde seu negócio está indo.

Se você não está tendo essas conversas com ele — a respeito de suas necessidades de limite de crédito —, marque VERMELHO aqui. Se não mudar este padrão, logo verá esse relacionamento em perigo. Mantenha distância de uma situação em que o banqueiro terá de lhe dizer que você violou um acordo e nem sequer está ciente disso. Não há nada de bom nesse cenário.

Olhando por um lado positivo, fique tranquilo, pois banqueiros são pessoas comuns e têm bom senso. Estabeleça uma relação real com seu banqueiro que vá além de conversas superficiais. Encontre-o regularmente para tomar um café ou fazer uma refeição. Mostre-lhe que você se importa com o relacionamento de vocês. Vá adiante, faça isso agora. Agende uma ligação ou reunião com seu banqueiro. Lembre-se: o melhor momento para pedir um empréstimo é quando você não precisa de um.

> Seu banqueiro quer que você seja bem-sucedido (ele precisa que você seja bem-sucedido) e o ajudará a obter os financiamentos certos para apoiar seu crescimento. Desenvolva essa relação antes da recessão e isso pagará dividendos.

SUA LINHA DE CRÉDITO

Como você sabe se tem disponibilidade suficiente de linha de crédito para aproveitar oportunidades durante a recessão, como a compra de ativos e de outras empresas? Como você sabe se tem linha de crédito disponível para resistir à tempestade de uma recessão?

Primeiro, pergunte-se: houve um período durante os últimos doze meses em que você poderia reduzir sua linha de crédito a zero por trinta dias ou mais e não ter nenhum crédito pendente (por qualquer razão que seja)? Essa capacidade de pagar sua linha de crédito é importante, pois a maioria dos líderes empresariais, especialmente aqueles de empresas que valem menos de cem milhões de dólares, não entende fluxo de caixa e o significado da demonstração do fluxo de caixa.

A demonstração de fluxo de caixa mostra que, se você estiver crescendo, cada vez mais terá seu dinheiro amarrado em contas a receber. Ao ficar por dentro dessas informações, é possível tomar decisões estratégicas de forma proativa para estender as condições de pagamento de contas com seus fornecedores e subcontratadas, de maneira a melhorar a correspondência de débitos.

Paul fez exatamente isso na Roth. Por conta de os negócios da empresa serem sazonais, o trabalho aumentaria em abril (depois de uma temporada lenta, de dezembro a março), e eles teriam muitas folhas de pagamento durante os meses de verão. Se ele e sua equipe não estivessem por dentro do assunto, teriam esbarrado no limite da linha de crédito. Por serem proativos, foram capazes de gerenciar com cuidado as contas a pagar e a receber, rigorosamente cobradas, para controlar seu fluxo de caixa.

Talvez você já saiba que, ao agir de forma proativa, os fornecedores são muito mais generosos. É muito melhor agir assim do que passar pelo que muitas empresas passam ao não pagar fornecedores em tempo hábil: receber a ligação avisando que o crédito será congelado. A fim de evitar isso, você deve ter autoconsciência e compreender as alavancas que impactam seu fluxo de caixa.

Agora, e se você não foi capaz de sair de sua linha de crédito (pagá-la até zerá-la) por, pelo menos, três dos últimos doze meses? Se esta é a sua realidade, entenda, antes de mais nada, que você tem o produto bancário errado para suas necessidades. Você está usando sua linha de crédito como se fosse uma dívida a prazo. Uma linha de crédito deve ser vinculada ao seu capital de giro, que está vinculado aos seus recebíveis. Se você tem uma linha de crédito da qual você não sai por mais de noventa dias, ela está sendo usada como dívida de longo prazo, em vez de dívida de curto prazo. Eis uma notícia ruim: há o risco de violação do acordo bancário e de entrada no grupo do "nome sujo" do banco, além de que você provavelmente pagará uma taxa de juros mais alta do que deveria.

> Recuperadores de crédito assumem as empresas que violam seus convênios de dívida e que demonstram incapacidade de pagá-los. Eles vendem ativos ou tomam decisões para mitigar a exposição do banco, muitas vezes em grave detrimento do negócio.

Se este é o seu caso, encontre-se com seu contador e seu banqueiro. Discuta a elaboração de um plano para sair de onde você está agora e chegar a um nível no qual possa usar sua linha de crédito (ou outros veículos de dívida de curto prazo) de modo apropriado. Esse plano pode envolver o reenquadramento total ou parcial de sua linha de crédito e não permitir que o mesmo erro ocorra novamente. Isso é uma coisa boa, afinal, as empresas menores não costumam ser capazes de sair da linha de crédito ou de abandonar os cartões de crédito. Este foi, certamente, o caso de Jonathan e da Fitness Together: eles nunca tiveram nenhum dinheiro extra disponível porque usaram a linha de crédito como se fosse uma dívida a prazo. Seu empréstimo inicial de pequena empresa não dava espaço suficiente para o capital de giro apoiar seu crescimento — um grande erro.

Lembre-se de manter contato com seu banqueiro. Por que isso é tão importante? Seu banqueiro pode fornecer financiamento. Sem ele, você terá que pedir dinheiro de investidores ou colocar mais de seu próprio dinheiro para financiar o crescimento do negócio.

AVALIAÇÃO DE PREPARO PARA RECESSÃO: PERGUNTA Nº 9

O time de liderança da sua empresa conhece todas as restrições em vigor para qualquer dívida da empresa e revê esses "convênios" mensalmente para garantir a conformidade?

Um convênio de dívida é uma forma sofisticada de firmar um acordo com o banco ou credor. Esses convênios são encontrados em seu contrato de empréstimo. O **stress test para convênio de dívida** mostra quão amortecida seria sua queda se você tropeçasse em seus convênios. Em que nível de ganhos você violaria qualquer um de seus convênios?

Se você marcou VERDE nesta pergunta, significa que seu negócio é inteligente — tendo lido e entendido os acordos de dívida nos contratos de empréstimo, você assegura a garantia do cumprimento regular.

Infelizmente, a maioria dos proprietários de empresas não sabe o que é um acordo de patrimônio líquido ou de dívida, ou o que é índice de cobertura do serviço da dívida. Eles não sabem quão perto estão de arruinarem seus convênios, e não mensuram isso.

> **AGORA, PORTANTO, AS PARTES ACORDAM E CONCORDAM COM O SEGUINTE:**
>
> 1. Os seguintes compromissos financeiros contidos no Contrato serão alterados da seguinte forma:
>
> - A linha deve ser monitorada com um Relatório da Base de Financiamento Mensal e Vencimento do Contas a Receber. O Relatório da Base de Empréstimos será definido como segue: Contas a Receber menos Contas a Receber Inelegíveis a 75%. Contas a Receber Inelegíveis devem incluir Contas a Receber acima de noventa dias da data de vencimento e de todos os trabalhos em progresso. O Relatório de Base de Empréstimos deve ser apoiado pelo relatório de vencimento de Contas a Receber.
> - Relatórios Mensais de Base de Financiamento apoiados por Contas a Receber Mensais, Vencimentos de Contas a Pagar e relatório de trabalho em progresso.
> - Índice de Cobertura do Serviço da Dívida. Manter um Índice de Cobertura do Serviço da Dívida que não seja inferior a 1,15 a partir de 31/12/12. O Índice de Cobertura do Serviço da Dívida será avaliado para cada declaração anual. O termo "Índice de Cobertura do Serviço da Dívida", expresso como uma fórmula matemática, significa (Lucro Líquido + Despesa de Depreciação + Despesa de Amortização + Despesa de Juros) / (Dívida de Longo Prazo da Parcela Atual 4-Despesa de Juros + Outras Despesas de Juros + Dividendos / Distribuições + Despesas de Capital Não Financiadas).

Se você marcou verde nesta pergunta, significa que é bem proativo e consciente. Você está por dentro dos números. Quando percebe que algum número vai passar despercebido, você sabe disso com antecedência. Como no caso de Paul, o CFO ou o controller de sua empresa prepara um resumo mensal ou trimestral de seus convênios de dívida e das garantias de sua empresa em relação a cada convênio; você sempre mantém essas informações importantes em primeiro plano.

Mas e se estiver ciente de seus convênios, mas não souber exatamente onde seu negócio está? Neste caso, marque AMARELO. Você ganha pontos por estar ciente, mas não previu de forma proativa ou lidou com seu banqueiro com antecedência. Você precisa saber os números de sua empresa e transmitir ao seu banqueiro as condições comerciais que levaram a esse resultado, além de comunicar o que você está fazendo proativamente para lidar com a situação. Essas melhores práticas lhe darão credibilidade junto ao seu banqueiro, que não será pego de surpresa. Como aprendemos, a pior coisa para o banqueiro é ser surpreendido: quando isso acontece, ele leva as más notícias ao chefe dele ou ao comitê de crédito dentro do banco — e sua reputação é arruinada.

> Assim como você não gostaria de ficar chocado ou surpreso por conta de más notícias vindas de um de seus clientes, você não quer assustar seu banqueiro.

Se você é como Jonathan era quando estava com a Fitness Together, você tem alguns convênios de dívida, mas não sabe exatamente o que são. Se isso lhe soa familiar, marque VERMELHO aqui. A Fitness Together era uma pequena empresa que havia tomado um empréstimo correspondente ao seu porte e que incluía vários convênios de dívida.

Um acordo do qual Jonathan estava de fato ciente era sua promessa de não vender cinquenta mil dólares em uma carteira de ações que era uma garantia para seu empréstimo. Ele vendeu essa carteira de ações antes de terminar de pagar o empréstimo, o que, na verdade, foi uma violação do convênio de dívida. Ele realmente não estava ciente disso na época, porque não revisava ou testava os convênios da empresa com regularidade. Felizmente, isso aconteceu antes do último pagamento do empréstimo para a empresa, no último ano da dívida. Caso contrário, eles poderiam ter passado por uma auditoria ou algo pior.

Não seja negligente com seu empréstimo. Caso contrário, vai colocar seu agente de empréstimo em uma situação ruim. Ele vai perder tempo defendendo-o em um comitê de crédito. Lembre-se: seu banqueiro é um ser humano com um trabalho a fazer e uma reputação a zelar. Quanto mais tempo ele passa concentrado em corrigir seu empréstimo, menos tempo terá para obter e conceder novos empréstimos, que é como ele ganha a vida. Não o coloque nessa situação.

AVALIAÇÃO DE PREPARO PARA RECESSÃO: PERGUNTA Nº 10

Os proprietários da sua empresa revisam regularmente quaisquer garantias pessoais sobre a dívida da empresa e trabalham ativamente para reduzi-las a zero?

Para o **stress test de garantia pessoal,** faça uma lista de quaisquer garantias pessoais que você possa ter com o banco ou financeira.

> NOTA: PARA ESTE COMUNICADO, "VOCÊ" SIGNIFICA O FIADOR E "CREDOR" E "SUA" SIGNIFICA O CEDENTE
>
> **AVISO — AO ASSINAR ESTE DOCUMENTO, VOCÊ DESISTE DO DIREITO DE AVISO PRÉVIO E JULGAMENTO EM UM TRIBUNAL. SE NÃO PAGAR DENTRO DOS PRAZOS, UM JULGAMENTO PODE SER FEITO CONTRA VOCÊ SEM O SEU CONHECIMENTO PRÉVIO, E OS PODERES DE UM TRIBUNAL PODEM SER USADOS PARA COBRAR VOCÊ, INDEPENDENTEMENTE DE QUAISQUER REIVINDICAÇÕES QUE VOCÊ POSSA TER CONTRA O CREDOR, SEJA A RESPEITO DE DEVOLUÇÃO DE BENS, BENS DEFEITUOSOS, FALHA DE SUA PARTE EM CUMPRIR COM O CONTRATO OU POR QUALQUER OUTRA CAUSA.**

Se marcou VERDE para a questão de garantias pessoais, isso significa que você tem reduzido ativamente suas garantias ou as limitou.

Não é raro se comprometer por dívidas; as pessoas dão garantias aos bancos, bem como às financeiras. O objetivo, entretanto, é reduzir suas garantias pessoais até um nível inexistente ou a uma quantidade mínima de sua riqueza geral.

Se isso lhe parece familiar — se você está se esforçando ativamente para reduzir suas garantias pessoais —, dê a si um AMARELO aqui. O momento em que a economia está em plena expansão te dá a deixa para perguntar a seu banco se ele reduzirá suas garantias, renunciará totalmente a elas ou estabelecerá um limite sobre elas. Normalmente, a única maneira de sair de uma garantia pessoal completamente é trocando de banco.[8] É preciso crescimento e um forte índice financeiro para ganhar a flexibilidade de seu banco em relação a garantias. Mas, se a economia estiver em modo de recuperação (crescimento), haverá bancos que irão querer seu negócio.

Um ambiente econômico forte é quase sempre a melhor época para negociar reduções em suas garantias pessoais.

Se, no entanto, você não estiver trabalhando para reduzir suas garantias pessoais, ou seu banco já tiver solicitado uma garantia pessoal, isso o coloca em uma situação diferente. Caso isso tenha acontecido com você, marque VERMELHO. Isso significa que

[8] Em empréstimos concedidos pela SBA (U.S. Small Business Administration) para pequenas empresas, não há como fugir da garantia pessoal. Normalmente, o empresário só estará livre da garantia pessoal ao tomar empréstimos de bancos comerciais não respaldados pela SBA.

seus bens pessoais estão em risco de reintegração de posse. Mesmo se você abandonar seu negócio, até que essa garantia seja paga, você ainda será o responsável — por isso, é necessário ser muito cuidadoso ao assinar uma garantia pessoal.

AVALIAÇÃO DE PREPARO PARA RECESSÃO: PERGUNTA Nº 11

Sua empresa tem caixa ou crédito disponível para financiar o crescimento?

Este **stress test de liquidez** faz uma simples pergunta: quanto dinheiro líquido a empresa e seus proprietários têm disponível? Pode parecer que isso não tem relação com o projeto de stress test da prontidão de sua empresa para uma recessão. Talvez sim, talvez não. Digamos que surja uma oportunidade durante uma recessão para comprar um concorrente, mas o banco não quer emprestar o dinheiro. Se você tivesse, digamos, três milhões de dólares de seu próprio dinheiro disponível, poderia injetar esse dinheiro na empresa e comprar o concorrente. Obviamente, essa nem sempre é uma jogada inteligente. Mas às vezes vale a pena aproveitar essas oportunidades únicas de atacar durante uma recessão.

É claro que, para aproveitar esse tipo de oportunidade — para adquirir talentos, equipamentos, suprimentos ou empresas em áreas nas quais você está tentando crescer —, é necessário ter a liquidez adequada. Se isso lhe parece familiar, marque VERDE aqui, e concentre-se em garantir que sua empresa não saia do verde em relação a esta questão crucial.

E se você não tiver cem por cento de certeza? E se parecer muito arriscado apostar parte de seu patrimônio líquido ou assumir dívidas extras em prol de uma expansão? Neste caso, marque AMARELO. Desenvolva uma lista de alvos de aquisição mais precisa e reexamine por qual razão você quer crescer. É necessário convicção na hora de comprar uma empresa ou ativos durante tempos difíceis.

Agora, se sua dívida já está alta e você não tem a capacidade de assumir mais responsabilidades para uma possível expansão, isso significa que seu status é VERMELHO em relação a esta pergunta. Você pode ser capaz de reunir dinheiro suficiente para fazer alguns movimentos, mas vai perder oportunidades de adquirir novos equipamentos e suprimentos de empresas que saem dos negócios durante uma recessão. A única maneira de capitalizar os erros dos outros na próxima crise é começar a manter um orçamento de guerra para que você possa ser ágil o suficiente e fazer movimentos melhores e mais sensatos financeiramente.

Pense em como seria ter esse orçamento à parte! Pense em seu maior concorrente — aquele que continua a roubar seus clientes ou funcionários. Talvez aquele seja um negócio complementar perfeito que você poderia comprar se e quando ele passar por tempos difíceis. Seu maior concorrente poderia ser um alvo de aquisição perfeito. Mas você terá os meios de pagar por isso?

AVALIAÇÃO DE PREPARO PARA RECESSÃO: PERGUNTA Nº 12

Sua empresa tem um conselho de assessores que se reúne pelo menos trimestralmente com o time de liderança para ajudar a estabelecer planos de crescimento, fazer provocações e responsabilizar a equipe por seus planos de ação?

Se marcar VERDE nesta pergunta, significa que você tem responsáveis externos pelo seu time de liderança. Este grupo externo de conselheiros analisa todos os aspectos do seu negócio e o ajuda a ter conhecimento sobre estratégias, orçamentos, fluxo de caixa e previsões.

Muitas empresas têm um conselho de assessores, mas não se reúnem regularmente com o conselho em questão. Ou se reúnem apenas com seu contador e seu advogado. Se este for seu caso, marque AMARELO aqui. O problema de apenas reunir-se com o contador ou advogado — que são pagos por hora — é que você provavelmente não está recebendo os conselhos de que precisa.

Em vez de contar com conselheiros profissionais, **reúna seu próprio grupo com pessoas que tenham os talentos dos quais você sente falta em si mesmo ou que faltam em sua equipe.** Ter um conselho consultivo de especialistas trará um tremendo valor à sua empresa. E por que não tentar encontrar conselheiros que tenham experiência em recessões?

Entenda que você pode ter um conselho de assessores em qualquer nível da empresa. Por exemplo, se você é o gerente de vendas da sua empresa, pode formar uma diretoria para dar feedback. Não é apenas o proprietário ou o CEO que pode se beneficiar de reuniões regulares com especialistas.

Se você estiver marcando amarelo na pergunta nº 12, considere **juntar-se a um grupo como a Young Presidents' Organization (YPO), a Entrepreneurs' Organization (EO) ou a Vistage.** Essas organizações lhe fornecerão um fórum onde você poderá se juntar a outros seis a oito membros que ajudam uns aos outros. Sem esse apoio, você pode facilmente acabar perdendo ou subestimando algo como sendo não crítico, pois lhe falta a perspectiva apropriada.

Se você *não* dispuser de um quadro de conselheiros e não estiver em nenhum grupo como a YPO ou a EO, deve marcar VERMELHO nesta pergunta. No mínimo, comece a se envolver com um mentor ou coach executivo remunerado. Essa pessoa vai manter você na linha, dizer as coisas como elas são e ajudá-lo a ver onde é preciso melhorar na gestão de seus negócios. Contratar um bom coach significa fazer seu dever de casa. Fale com suas referências e confirme os feitos desse(a) coach antes de prosseguir.

DESENVOLVA SUA EQUIPE DE BOX (CONSELHO DE ASSESSORES)

Um conselho de assessores servirá como sua "equipe de box de corrida", antes, durante e após uma recessão. Como líder de sua empresa, você precisa de uma equipe de box que o responsabilizará por executar o plano de recessão — e que dirá alguma coisa quando você estiver conduzindo o negócio perigosamente rumo a uma grande batida!

> Sua equipe de box servirá como uma caixa de ressonância para você criar uma rede mais ampla e ter auxílio nas curvas perigosas.

Quem *deve* estar em sua equipe de box? Você quer pessoas que sejam *mais espertas* do que você e que tenham um histórico comprovado. É importante que essas pessoas estejam dispostas a chamar sua atenção com severidade! Procure conselheiros que sejam verdadeiros especialistas e que já tenham alcançado um alto nível de sucesso. Isso os deixará livres para dar a você um feedback duro e verdadeiro. Por último, mas não menos importante, tente ter pelo menos uma pessoa em seu quadro que tenha passado por uma recessão e, espera-se, tenha crescido com ela. A questão é que não se trata apenas de ter um quadro de assessores — você deve ter as pessoas certas nele.

Quem você deve evitar em seu quadro de conselheiros? Você definitivamente *não* quer que sua equipe de box seja composta por amigos e familiares, tampouco sua própria equipe de gestão no conselho. Mesmo profissionais como seu banqueiro, advogado ou contador são uma má ideia. Sim, eles querem e precisam que você seja bem-sucedido, mas podem não ser totalmente honestos com você, por medo de conturbar o relacionamento e de uma possível demissão.

Procure conselheiros que não tenham segundas intenções e nenhuma outra razão para atuar nessa posição além do fornecimento de uma boa mentoria. Pessoas assim podem realmente lhe dizer se você está sendo estúpido ou se está indo em direção a um acidente de percurso. E essas conversas difíceis são necessárias de vez em quando, acredite em nós! Uma boa equipe de box sempre garantirá que você mantenha uma conduta honesta e responsável. Essa responsabilidade, por sua vez, irá melhorar seu desempenho.

Recomendamos uma reunião trimestral com sua equipe de box com duração de pelo menos metade de um dia. Você deve enviar-lhes materiais para revisão com antecedência (por exemplo, finanças da empresa e mapas de estratégia).

Cada membro do box deve receber entre quinhentos dólares e dois mil e quinhentos dólares por reunião, dependendo do tamanho da empresa e do alcance do comprometimento.

SUA EQUIPE FINANCEIRA

Tal qual com sua equipe de box, você precisa prestar atenção e certificar-se de que tem o contador, o banqueiro e a empresa de seguros certos (e a financeira certa, se você for um empreiteiro). Faça um balanço de sua situação e um redimensionamento do número de conselheiros numa base anual. Você quer parceiros financeiros que tenham a capacidade de crescer com você. Para maximizar seu crescimento, considere mudar para uma firma regional quando alcançar a cifra de dez a 25 milhões de dólares em receita, pois precisará de conselhos mais sofisticados e alavancar seus relacionamentos e contatos. Você pode até terminar contratando alguns dos funcionários da firma para virem trabalhar para você. (Frequentemente as pessoas vão querer deixar a carreira profissional para vir atuar com um cliente favorito — e essa é uma boa maneira de encontrar esses potenciais candidatos.)

No aspecto contábil, à medida que seu negócio crescer, procure empresas maiores e que agreguem valor, porque elas têm mais conhecimento da indústria. Mas escolha com cuidado: você não quer ser o maior cliente da empresa se seu negócio estiver em alto crescimento. Trabalhe com conselheiros que possam ajudá-lo a entender o caminho menos arriscado para levar sua empresa para o próximo nível, e que trabalhem com muitos clientes em sua indústria que sejam maiores do que você.

Você precisa reavaliar seus parceiros e assessores conforme sua empresa cresce. Se você faz como a maioria das empresas, você tem *algumas* relações sólidas, mas não com todos os seus parceiros financeiros. Tenha em mente que **você não deve manter os mesmos conselheiros de quando tinha cinco milhões de dólares em tamanho quando tiver 15 milhões de dólares em receita.** Você pode sentir-se culpado por deixá-los, mas isso é higiene corporativa. Eles devem querer que você trabalhe com novos profissionais que possam apoiar seu crescimento!

Os conselheiros que o levaram para onde você está agora não necessariamente serão os profissionais que vão levá-lo para onde você quer ir.

Os contadores em uma empresa de médio porte talvez sejam mais caros, mas eles podem fazer apresentações em bancos e têm uma vasta experiência no setor que você pode aproveitar para economizar dinheiro em impostos. Eles têm os recursos para permanecer no topo.

Na Fitness Together, o contador de Jonathan era focado em restaurantes, não em academias de ginástica. Ele estava acostumado a lidar com negócios à vista, mas no ramo de personal training, recebe-se um pré-pagamento dos clientes — para dez, vinte e cinco, cinquenta ou cem sessões de personal training —, e então a academia passa a "dever" essas sessões aos clientes até que estes as façam. É importante não gastar os pré-pagamentos até que o cliente participe das sessões que lhes são devidas. Se Jonathan tivesse selecionado o contador certo — um especialista na área ou, pelo menos, alguém mais familiarizado com fitness (mais do que com restaurantes) —, essa pessoa poderia tê-lo orientado muito antes sobre a importância da correspondência entre receita (pré-pagamentos) e despesas diretas (sessões devidas aos clientes). Não foi culpa do contador que a relação tenha sido uma má combinação.

AGINDO

Agora que você entende a importância de colocar sua casa em ordem *antes* de uma recessão, é hora de agir — saia e tenha as conversas necessárias com seu banqueiro, seu consultor financeiro, seu contador, seu agente de seguros e seu advogado.

Sempre que falamos sobre a importância da Segunda Marcha, sobre ter essas conversas quando a economia está forte, a reação das pessoas geralmente é bater em suas próprias testas, dizendo coisas como: "Gostaria de ter pensado nisso antes!" Não seja como elas. Assuma um compromisso agora mesmo e agende essas reuniões antes que seja tarde demais. Eis por onde começar:

- Agora que você está comprometido a falar com seu banqueiro sobre o aumento de sua linha de crédito — ou sobre a redução de suas garantias pessoais, para que os riscos sejam menores —, *quando* vai ser essa reunião? Marque uma data.
- *Quando você* vai se encontrar com seu assessor financeiro? Marque uma data.
- *Quando você* vai se encontrar com seu contador? Marque uma data.
- *Quando você* vai se encontrar com seu agente de seguros? Marque uma data.
- *Quando você* vai se encontrar com seu advogado? Marque uma data.
- Lembre-se: colocar sua casa em ordem, manter sua lista de clientes-chave zipada, deixar seu balanço patrimonial forte, aumentar sua linha de crédito, reduzir suas garantias pessoais — essas ações não são importantes apenas em termos de levar o negócio para o próximo nível durante uma recessão. Elas são também boas práticas de higiene comercial (melhores práticas corporativas).

CAPÍTULO TRÊS

TERCEIRA MARCHA: CORRER

Instruções para o uso da Caixa de Câmbio da Recessão:

- 1ª Marcha (Avaliar): sempre comece com a 1ª Marcha
- **Em seguida, engate a 2ª Marcha (Ajustar), 3ª Marcha (Correr) e/ou 4ª Marcha (Acelerar), dependendo de como estará "A Economia"**
    - **Se A Economia estiver nos estágios de Expansão ou Recuperação do ciclo, engate a 2ª Marcha, então a 3ª Marcha e, a seguir, a 4ª Marcha**
    - **Se A Economia estiver em Recuperação ou Contração, engate a 3ª Marcha e, então, a 4ª Marcha**
    - Se A Economia estiver em Contração ou Recessão, engate a 4ª Marcha imediatamente, se possível
- Use o Freio de Emergência em qualquer ponto, caso necessário.

Acima de tudo, use seu julgamento para determinar qual Marcha usar de acordo com as circunstâncias dentro da sua empresa e fora, na Economia.

CAPITALIZANDO SOBRE AS OPORTUNIDADES

Quando uma recessão se aproxima, você pode pisar no freio ou no acelerador. Qual é o seu plano? Tudo o que você aprendeu até agora é, claro, uma boa estratégia de planejamento em geral. Mas em uma recessão, ela se torna turbinada. **Pense em uma recessão como o combustível ou o acelerador.** Pise fundo!

Se estiver à procura de uma Saída do Sonho Americano, você especialmente precisa desse impulso para alcançar uma oportunidade de venda maior. Você precisa disso se estiver tentando alavancar seu negócio. É claro que é tecnicamente possível (mas improvável) sua empresa crescer de forma exponencial a qualquer momento; a questão é que **recessões lhe dão oportunidades que de outra forma demorariam uma década ou mais para dar frutos.**

O problema é que as recessões não acontecem com muita frequência. Essa afirmação soa estranha, não é? Estranha e verdadeira: as recessões são oportunidades raras. É *por isso* que você está se dando todo este trabalho. É por isso que você comprou este livro, em primeiro lugar, para poder elaborar um plano estratégico e atacar quando estiver pronto. Você sabe que não pode simplesmente esperar e que precisa levar a sério a oportunidade de capitalizar neste momento.

Agora chegou o momento, e você está exatamente onde queria estar.

Enquanto todos os outros aguardam em posição fetal, você está investindo. **Em vez de ficar paralisado pelo medo, você está tirando vantagem da falta de preparação dos outros.** Assim como Warren Buffett fez quando ganhou todo aquele dinheiro para a GE Capital e a Wells Fargo. Ou como a Southwest Airlines fez durante a recessão de 1990-1991, quando comprou jatos e adquiriu *slots* de aterrissagem de um concorrente em ruínas.

As recessões não aparecem com frequência. Aproveite a oportunidade!

Esta é a marcha que você deve usar para *ir em frente* — e tirar proveito do fato de que, ao contrário de seus concorrentes, você sabe quando deve pisar no acelerador, quando deve pisar no freio, quando fazer as curvas e quando mudar de marcha. Por ter se preparado, você não será excessivamente cauteloso, levando as coisas de forma lenta. Você não será desesperadamente agressivo, fazendo curvas muito rápidas. E você não estará muito ansioso e imprudente, batendo contra a parede.

USANDO SEU PLANO DE AQUISIÇÃO NA RECESSÃO

Como aprendemos, as recessões são períodos maravilhosos para estocar bens baratos, tecnologias disruptivas, funcionários excelentes e concorrentes que não pensaram em criar um plano de recessão.

Você deve ter uma lista prévia com os concorrentes que têm potencial para serem adquiridos em um período de recessão. Agora é a hora de usar essa lista — e avançar em direção às oportunidades identificadas. Lembre-se: isso só funcionará se você já tiver construído pontes.

Comece a ter conversas com seus alvos de aquisição — e os conheça — bem antes que a recessão aconteça. Obviamente, você não sairá por aí dizendo a eles que quer comprá-los! Invista tempo e energia consistentes para promover um bom trabalho de relacionamento.

Lembre-se, também, de que você está tentando preencher lacunas específicas de seu plano estratégico. Se você representa uma empresa de encanamento, por exemplo, não significa que deva fomentar relacionamentos exclusivamente com *outras empresas de encanamento*. Foque em empresas que irão complementar sua organização atual e a tornarão mais forte.

Mantenha seus amigos por perto e seus inimigos mais ainda. Dessa forma, você saberá, quando chegar a hora, quais são os negócios mais desejáveis para cumprir seu plano de aquisição na recessão. Ao identificar que uma ou mais dessas empresas tropeçaram na recessão, você já estará esperando — e já terá as relações necessárias, o que fará com que a integração à sua empresa seja muito mais fácil.

Muitas vezes, quando as pessoas vendem seus negócios, elas também querem vender as pessoas que conhecem e em quem confiam. Essa é uma boa notícia para você se seu relacionamento foi bem estabelecido antes de entrar em qualquer negociação.

Não inicie um relacionamento para adquirir um concorrente quando a economia já estiver em colapso. Eles vão confiar muito mais em você se você estabelecer um relacionamento antes da crise.

PAUL: ATACAR NÃO SIGNIFICA APOSTAR TUDO

Quando a corrida está em andamento e a recessão se aproxima, você vai querer atacar. Afinal de contas, isto é o que você tem planejado o tempo todo. Mas isso não significa que você não vai cometer erros, e é por isso que nunca deve **apostar tudo.**

Cometi um erro clássico quando encontramos uma oportunidade de energia eólica renovável para investir — que beneficiaria, se bem-sucedida, todas as grandes divisões dentro da Roth. Era uma empresa localizada em Ohio, e seu principal produto era uma tecnologia emergente para capturar energia eólica em telhados comerciais. O que tornava o produto especial era o fato de estar vinculado a sistemas de companhias elétricas para reduzir o uso de energia, e, sempre que colhia mais energia do que a quantidade usada pela instalação, o excesso de energia poderia ser vendido de volta para a rede!

Como parte de sua pesquisa e desenvolvimento, a startup tinha contratado um engenheiro da NASA, especializado em energia eólica, para testar e certificar o protótipo como um todo. Estava praticamente garantido que funcionaria e que seria uma combinação ideal para os produtos vendidos na Roth. Por exemplo, a fim de utilizar o produto, era necessário colocar a estrutura em um telhado comercial, o que significava ter de fazer penetrações na membrana do telhado. Isso era algo que nem todas as empresas eram certificadas para fazer, mas nós éramos. Confere√

Depois houve a fabricação de metal para a estrutura que precisava ser feita, e a Roth tinha sua própria oficina de fabricação de grandes metais. Confere√

Então, era preciso saber algo sobre eletricidade e como monitorar o uso de energia. Tínhamos nossa própria empresa de gestão de energia e uma empresa de monitoramento que nos permitiria monitorar cada unidade de captura de vento. Confere√

Espere — ainda havia mais... A unidade era tão sofisticada que se virava para a direção do vento para aumentar a quantidade de vento que atravessava o funil, criando o que é chamado de Efeito Bernoulli: a quantidade de energia que a turbina eólica é capaz de produzir aumenta conforme a velocidade do vento. Esse movimento significava que a unidade exigia um alto nível de *serviço*. E, por acaso, nós tínhamos um negócio nacional de serviços de AVAC. Confere√

Fica claro por que eu estava tão entusiasmado com a oportunidade da startup eólica: ela caía como uma luva em todos os nossos produtos e serviços, e tudo isso aconteceu durante uma época em que eu estava tentando derrubar paredes entre as divisões da Roth. **Eu costumava brincar que éramos quatro empresas diferentes que apareciam por acaso para trabalhar no mesmo lugar.** Meu objetivo era maximizar os resultados gerais, fazendo as divisões trabalharem efetivamente juntas.

Tínhamos acabado de rebatizar a empresa como *Roth: Powered by Green* para tirar proveito dos altos custos de energia na época, bem como da cultura de redução de custos que varria o país enquanto todos tentavam sobreviver à Grande Recessão. Todos estavam à procura de ideias que poupassem custos. E nossos varejistas nacionais procuravam marcas amigáveis ao consumidor, sustentáveis, de energia verde. Tudo estava se encaixando muito bem. Quando estávamos começando a lançar a startup eólica, tivemos muita gente se inscrevendo no programa-piloto, e houve uma grande empolgação e agitação. Isso ajudou a construir nossa nova marca em toda nossa base nacional de clientes.

Agora, só precisávamos chegar a um protótipo funcional. Mas para isso tivemos que investir setecentos mil dólares. Quando estávamos revisando esse investimento, um de meus quatro parceiros na Roth levantou algumas objeções. Em vez de ouvir o que ele tinha a dizer, eu o ignorei. Estava tão convencido de que esta era uma poção mágica, tão focado na nossa nova marca *Roth: Powered by Green* — e em pensar nos produtos e serviços de energia sustentável para nossa base de clientes nacionais —, que deixei de ouvir as objeções de meu parceiro.

Depois que fizemos o investimento e chegamos ao dia do protótipo, fomos convidados para uma reunião de diretoria na startup. Na reunião, o proprietário apareceu em um veículo Lexus de quatro portas novíssimo, com uma placa de identificação personalizada. Eu soube ali então que provavelmente estava em apuros. Ele usou nosso dinheiro para comprar um carro novo em vez de investir no produto!

Mas talvez não fosse o caso. O acordo que eu havia negociado ainda tinha muita coisa em frente. A primeira instalação do protótipo foi feita por um cliente nosso de grande renome. Como parte de nosso investimento, a empresa concordou em dar à Roth a terceirização da manufatura (fabricação de metais), telhas, manutenção, gestão de energia e monitoramento de unidades. Esse acordo significava que teríamos um fluxo de receita de serviços estável para o nosso investimento — desde que o protótipo funcionasse como projetado.

Dá para adivinhar o que estava por vir. O dia de revelar o produto finalmente chegou, com uma grande fanfarra e publicidade, em Toledo, Ohio, na sede de um de nossos clientes. Tudo correu bem... até vários dias depois, quando começamos a ver os resultados de produção de eletricidade. Os dados mostraram que a turbina de teto tinha um desempenho pior do que se o funil especial não tivesse sido fixado! O protótipo da hélice estava na verdade interferindo na coleta do vento.

Era uma unidade cara e, sem o benefício de uma geração de vento superior, não havia — mesmo com os créditos fiscais — um retorno sobre o investimento. E assim foi. Essa foi uma das minhas piores decisões de investimento de todos os tempos, mas, de certa maneira, sou feliz por ter passado pela experiência. Aprendi uma valiosa lição: que ainda sou muito capaz de cometer erros estúpidos e que nunca devo silenciar alguém que está levantando objeções.

Na verdade, até hoje tenho uma cópia emoldurada do certificado de ações da startup em minha mesa, para me lembrar de ser um ouvinte melhor. Mesmo que as pessoas que levantem preocupações acabem se mostrando erradas, é melhor explorar suas objeções do que ignorá-las e ser pego de surpresa depois.

Também vale a pena lembrar os leitores de que, embora a startup eólica tenha sido um investimento terrível, eu não apostei tudo. Apostamos setecentos mil dólares, mas obtivemos mais de dez vezes esse montante em lucro líquido no mesmo ano. No entanto, se eu tivesse ouvido as objeções de meu parceiro, a perda poderia ter sido evitada. Em retrospecto, eu teria estruturado o acordo de forma diferente, para que fosse mais baseado no desempenho. Mas, por estar tão determinado a garantir a fonte única, fechei os olhos para quaisquer objeções. Eu queria muito aquilo e fui levado por minhas emoções.

Quando a corrida começar e for a sua vez de atacar, **sempre haverá um elemento de risco envolvido.** Isso vem com o ofício. Assuma o risco, mas não aposte tudo!

AVALIAÇÃO DE PREPARO PARA RECESSÃO: PERGUNTA Nº 13

Você tem uma excelente cultura empresarial, contrata apenas pessoas fantásticas e demite imediatamente as que não são fantásticas ou que não se encaixam em sua cultura?

Marcar VERDE nesta pergunta significa que você realiza reuniões trimestrais com todos os funcionários para atualizá-los sobre o estado atual da empresa, bem como sobre o plano estratégico de longo prazo para o futuro. Você também usa essas reuniões para reconhecer aqueles funcionários cujo trabalho árduo, dedicação e lealdade têm feito a diferença no sucesso da empresa. Você faz isso porque sabe que os funcionários que são reconhecidos dessa forma trabalham com mais satisfação e estão mais propensos a permanecer na empresa a longo prazo.

Marcar verde aqui também significa que há um coach executivo para aconselhar você e seu time de liderança. Essa pessoa trabalha com você na estratégia comercial e em assuntos-chave, mas também em seu "plano de vida", ferramenta que você utiliza para alcançar sua definição pessoal de felicidade e sucesso. Como o plano de recessão, o plano de vida é escrito com antecedência, antes que você realmente precise dele, quando a vida está calma e você está em um estado de espírito racional — não quando você está no precipício de uma grande decisão de vida. **Ter um plano de vida e um coach para você e seu time de liderança — com a intenção de promover o crescimento individual — leva a um caminho para o estabelecimento de uma forte cultura empresarial.**

Muitas empresas falam sobre cultura, mas não saem de sua zona de conforto. Empresas que fazem parte de um sistema de franquia, em particular, tendem a confiar demais nos outros franqueados dentro do sistema — quando o que eles também deveriam fazer é estar em contato com seus concorrentes. Se isso lhe parece familiar, marque AMARELO. Você pode ter o princípio de uma cultura empresarial forte, mas se está falando apenas com seu próprio pessoal, está adquirindo uma perspectiva monolítica. Comece a trabalhar em rede com outras empresas que estão fazendo as coisas de maneira diferente para que você possa analisar seus sucessos e fracassos — mesmo que isso signifique ser corajoso e compartilhar suas próprias histórias primeiro! Envolva-se com seus pares e concorrentes em conferências, e preste atenção especial ao que os líderes de alto desempenho presentes nesses eventos fazem durante os intervalos. (O valor real das conferências é geralmente o networking feito nos intervalos entre palestras e workshops — e no bar!)

Não se pode criar uma cultura a partir do nada. Você tem que ter a mentalidade correta. Se você pontuou VERMELHO nesta pergunta, o mais provável é que sua empresa esteja atormentando e estressando as pessoas. Não será fácil de mudar. Mas se estiver falando sério sobre começar a criar uma *boa* cultura empresarial, você precisa ter uma conversa franca consigo mesmo e com o time de liderança sobre o legado que quer deixar. Quando estiver pronto para fazer isso, para engendrar a mudança, vá em frente e siga as recomendações para "amarelo". Confira mais recursos em www.recession.com.

CULTURA, RECRUTAMENTO E RETENÇÃO

Estar pronto para uma recessão significa criar uma cultura forte, recrutando as **pessoas certas** — e tendo sistemas para retê-las.

Nada é mais importante do que ter as pessoas certas na sua equipe. Afinal de contas, são elas que estão primordialmente em contato com seus clientes e fornecedores. Elas são como os pneus de um carro: são o ponto de contato entre a borracha e a estrada.

Curiosidade: você sabia que os pneus da Nascar não têm aderência? Eles são completamente lisos. São projetados dessa forma para obter mais contato de superfície com a pista, o que proporciona melhor tração. Os pneus de fato ficam tão quentes que derretem um pouco e ficam um pouco pegajosos, o que cria ainda mais tração.

Esta é uma boa maneira de pensar na formação de sua equipe: você quer que seu pessoal seja "pegajoso" em suas negociações com clientes e fornecedores, por meio do estabelecimento de uma cultura voltada para o serviço. Se você não tem as pessoas certas, não conseguirá construir uma cultura forte — e certamente não poderá alavancar seu negócio em uma recessão.

> Como os pneus da Nascar, quanto mais pegajosos você e sua equipe forem com seus clientes, mais tração vocês terão.

Então, como ter certeza de que a cultura da empresa é forte e que sobreviverá a uma recessão? Comece com seus valores essenciais. Como Gino Wickman escreveu em seu livro *Traction*, o primeiro passo ao construir valores centrais é nomear de três a seis pessoas em sua organização que você gostaria de *clonar* — funcionários tão bons que, se você tivesse réplicas deles, poderia dominar o mercado e a indústria e fazer seu negócio crescer dez vezes mais. **Quais dos seus melhores funcionários você gostaria de clonar?** Quais são as características que o levou a colocá-los em sua lista? Esta lista de características contém seus valores essenciais.

Quanto mais criativos forem seus valores fundamentais, melhor. Você quer futuros funcionários e clientes em potencial que possam "cair de cabeça" em seus valores essenciais sem fazê-lo de forma muito óbvia. Valores como "trabalho em equipe" e "integridade" são tão usados que ninguém presta atenção neles. Valores como "*lagniappe*" (pesquise!) ou "segundo almoço"[9] chamarão a atenção das pessoas e permitirão que você conte a história da empresa.

A seguir, pense em quem você mais gostaria de contratar, incluindo pessoas que atualmente têm empregos ou não estão disponíveis. No livro de Jack Daly, *Hyper Sales Growth*, ele escreve: "A única maneira de ser eficaz no recrutamento de pessoas de alto nível é identificá-las e ir atrás delas." Ele recomenda ter uma lista-alvo de dez a quinze nomes e concentrar-se no tipo de pessoa que *não* está procurando um emprego e que está feliz em sua posição atual.

Daly recomenda entrar em contato com tais dez a quinze pessoas, duas vezes por mês, seja durante uma refeição ou por e-mail ou telefone. Pode parecer exagero, mas não é. Novamente, a vida

---

9 *Second lunch* é uma expressão cômica usada quando os funcionários de uma empresa precisam se estender em seus horários, de modo que, ao fim do expediente, ao invés de encerrar as atividades, tiram apenas um "segundo almoço" como pausa antes de dar continuidade ao trabalho que estava sendo executado. [N.E.]

acontece, e você nunca sabe quando esses funcionários excelentes estarão de repente prontos para uma mudança (por exemplo, quando o atual empregador muda a estrutura de remuneração sem aviso prévio). Daly escreve: "A probabilidade é que, se você as cortejar duas vezes por mês, a contratação de uma ou duas dessas dez a quinze pessoas aconteça no próximo ano." Se estiver em busca de mais funcionários excelentes, precisará aumentar o volume de candidatos que você e seu time de liderança estão cortejando.

VALORES FUNDAMENTAIS CRIATIVOS	VALORES FUNDAMENTAIS COMUMENTE UTILIZADOS
Lagniappe	Honra
Visto a camisa do time, absorvo tudo!	Integridade
Flocável	Trabalho em equipe
Alguém está para baixo? Essa é uma missão para mim!	Diversão
Piloto de avião	Respeito e liderança
Segundo almoço	Qualidade
Toca para mim que eu faço o gol!	Excelência
24 horas, 7 dias por semana	Paixão
Sem cerimônia! Toda opinião é bem-vinda	Colaboração
Deixe comigo, darei um jeito	Inovação
O meu problema é meu; o seu problema também é meu, somos parceiros	Responsabilidade

Esse processo contínuo é a forma correta de se pensar em contratação e recrutamento. É como deixar uma torneira permanentemente aberta. Muitas empresas deixam para abrir a torneira apenas quando precisam fazer uma contratação e, logo depois, a fecham novamente.

Funcionários excelentes precisam ser *cultivados* em seu pipeline de candidatos.

CULTIVANDO FUNCIONÁRIOS EXCELENTES

Sua empresa precisa ser composta de cinquenta por cento ou mais de funcionários excelentes. Mas este nirvana só poderá ser alcançado quando você for capaz de identificar com sucesso quem são essas pessoas e quais são seus pontos fortes, de modo a alocá-las nas posições ideais para promover o sucesso da sua empresa. Ao prestar atenção às habilidades únicas que cada funcionário tem, você consegue capitalizar em cima dos pontos fortes deles.

A fim de criar equipes altamente eficientes, tenha consciência do perfil comportamental de cada funcionário. É fundamental que você reúna as pessoas certas e forme equipes que possam trabalhar de modo eficaz, sem conflitos de personalidade. O DiSC™ e o Culture Index™ são ferramentas valiosas para alocar todos adequadamente e capacitar os funcionários a interagirem uns com os outros.

Esteja disposto a realocar pessoas para encontrar a melhor combinação para cada equipe. No livro *Meninos de Ouro*, de Daniel James Brown, o autor reconta a história da Equipe Olímpica de Remo de 1936 dos EUA e como o treinador Al Ulbrickson trocava os meninos das canoas de corrida até encontrar uma equipe com "balanço", ou aquela qualidade elusiva de grandes equipes que alguns descrevem como fluidez. Uma equipe com balanço parece deslizar sobre a água. Você quer que as equipes da sua empresa tenham balanço! Não se acomode.

Se você é como muitas empresas, no entanto, você tem *alguns* funcionários excelentes no topo da organização ou espalhados, mas não os cultiva em todos os níveis. Na Roth, Paul liderou um clube do livro trimestral para o qual ele organizava um almoço e colocava todos os funcionários excelentes juntos para rever e discutir algum livro de negócios, como *O que o CEO quer que você saiba*, de Ram Charan. Fazer algo assim quebra os silos, ajuda a estabelecer amizades entre departamentos e estimula o alto desempenho.

É claro que é improvável que os funcionários ruins de repente se tornem funcionários de alta performance. Você ainda tem que se concentrar em contratar as pessoas certas. Contrate somente pessoas que atendam aos seus altos padrões; sucumbir a preencher um cargo com um candidato de segunda categoria só vai piorar as coisas. Essa questão se torna ainda mais patente quando a economia está forte e o desemprego está baixo, porque a contratação é ainda mais competitiva durante esses tempos.

Se sua empresa não tem funcionários excelentes, mantenha-se determinado a contratar somente pessoas que atendam aos seus altos padrões.

Ao contratar pessoal abaixo dos padrões de sua empresa, isso provavelmente se tornará um hábito — e em pouco tempo você terá uma empresa cheia de funcionários ruins em vez de funcionários excelentes. Para piorar a situação, os funcionários excelentes preferem trabalhar com outros funcionários excelentes. Se você os cercar com talentos inferiores, eles vão se perguntar o que há de errado com você enquanto líder e irão em busca de novas oportunidades.

O desempenho dos funcionários *deve* ser avaliado regularmente. Se alguém não está cumprindo suas responsabilidades profissionais, você tem duas opções: treinar ou demitir. **Não continue aceitando talentos inferiores.** Nos níveis mais altos de sua empresa, durante uma fase de crescimento, é muito provável que você tenha que pensar numa maneira de se livrar do problema ou treinar e desenvolver os talentos existentes. Sua melhor opção dependerá de sua reserva interna de talentos.

Em qualquer caso, você precisa estar constantemente à caça de funcionários excelentes (e cultivando-os dentro de sua equipe). Não é tão comum encontrar funcionários excelentes em sites de empregos na internet. Eles não ficam desempregados por muito tempo nem "se candidatam" a empregos de maneiras tradicionais. Eles quase sempre confiam em sua rede de contatos para encontrar sua próxima oportunidade. Portanto, junte-se a essas redes.

Após cultivar sua lista de funcionários excelentes e fazer parte da rede deles, seu próximo passo é realizar uma **entrevista comportamental** para verificar se os potenciais funcionários compartilham seus valores fundamentais. Por exemplo, se um dos valores fundamentais de sua empresa é ir "a todo vapor", uma boa pergunta poderia ser a seguinte: "Você consegue dar exemplos de momentos em sua vida pessoal, em seu último emprego ou em seu tempo de estudante em que você foi 'a todo vapor'? Como foi isso?" Se o candidato não puder apontar de três a quatro experiências em que tenha se visto agindo "a todo vapor", você acha que ele compartilha desse valor fundamental?

Este exercício de entrevista o ajudará a obter esclarecimentos no processo de recrutar as pessoas certas, como parte de estar pronto para uma recessão. Posteriormente, você precisará pensar em *retê-los*. Como você mantém funcionários excelentes felizes para que eles não queiram ir embora?

Palavras são efêmeras: elas desaparecem no ar assim que você as pronuncia. As ações falam mais alto do que as palavras. As pessoas em sua empresa demonstram comportamentos consistentes e alinhados aos valores de sua empresa? Você consegue pensar em uma maneira de usar um símbolo para dar vida aos seus valores fundamentais? Por exemplo, certa empresa entrega pequenas bonecas Gumby para novos funcionários para lembrá-los do valor da flexibilidade.

Líderes fortes passam tempo certificando-se de mostrar a seus funcionários o quanto eles os valorizam. Eles fazem agradecimentos, entram em contato em seus aniversários e vivem os valores fundamentais de uma companhia. De que formas você pode valorizar seus funcionários? Para se inspirar, leia *Make Big Happen*, de Mark Moses.

JONATHAN: DISPENSANDO FUNCIONÁRIOS RUINS

Lembro-me de uma vez ter passado um dia inteiro em uma sessão de planejamento estratégico de uma empresa, e havia um funcionário ruim que já fazia parte da equipe de gestão há muito tempo. Após nossa segunda reunião, o time de liderança e eu decidimos que este sujeito não estava feliz. Ele não estava feliz há um bom tempo. Naquela mesma reunião, ele concordou em sair da equipe. Foi uma decisão mútua. Fizemos uma pausa, ele fez as malas, apertou a mão de todos e deixou a empresa.

Esse momento me marcou porque acho que percebemos todos ao mesmo tempo que, enquanto mantivéssemos um indivíduo como aquele em um cargo de gestão, nunca seríamos capazes de continuar crescendo com a empresa. A partir desse ponto, nos certificamos de que a equipe de gestão seria inteiramente formada por funcionários excelentes, pessoas que realmente compravam a visão e podiam executá-la. Olhando para trás, não foi uma decisão difícil, e baseado em minha experiência, quando existem preocupações a respeito de um membro do time de liderança, a tendência é que a situação não melhore. A única coisa que resta decidir neste ponto é o momento em que a separação ocorrerá (quanto mais cedo, melhor para todos os envolvidos, a propósito).

Paul e eu temos visto muitos líderes se lamentarem por causa da saída de pessoas que, obviamente, não eram funcionários excelentes. As desculpas que costumamos ouvir incluem, mas não estão limitadas a: ele(a) está na empresa desde o início; ele(a) é um(a) amigo(a) da família; ele(a) é meu(minha) irmão/irmã; ele(a) nem sempre se comporta como idiota... Já ouvimos de tudo! Uma vez que o líder finalmente dispensa o funcionário ruim da empresa, ouvimos, então: eu deveria ter feito isso meses/anos atrás, me sinto muito melhor, por que você não me disse para fazer isso antes?

Pense nisso como se você fosse o treinador de uma equipe da NFL. Os Patriots aceitam jogadores ruins? Os Browns de 2016 e 2017 aceitavam. Você quer ganhar o Super Bowl como os Patriots ou ter uma série de derrotas como os Browns em duas temporadas recentes e consecutivas? Comprometer-se a vencer significa cercar-se de funcionários excelentes que adotam sua cultura de excelência.

Olhe ao redor de sua empresa. Os jogadores (seus funcionários) que se dedicam à empresa de segunda a sexta-feira parecem-se com os Patriots ou com os Browns?

Certifique-se de fazer uma revisão intensa — a cada trimestre — dos talentos da empresa em busca dos melhores jogadores para colocar em campo. Seu objetivo é ter os talentos que seriam necessários para ganhar uma medalha de ouro nas Olimpíadas de seu setor, caso houvesse uma. A maioria das empresas não faz isso. Na verdade, quando trazemos essa metáfora à tona para os líderes, eles frequentemente admitem que não têm talentos para se *qualificar* hipoteticamente para as Olimpíadas.

Não aceite funcionários ruins que só contribuem moderadamente. Foque intensamente na aquisição, cultivo e desenvolvimento de talentos. Isso separa empresas de primeira linha das demais. **As principais empresas estão dispostas a atualizar seu pessoal.** Elas seguem um processo sistemático em que as pessoas são avaliadas de forma justa e objetiva. Quando as pessoas ficam aquém das expectativas, acontecem as conversas necessárias, honestas e difíceis. (Leia *Conversas difíceis*, de Douglas Stone, Bruce Patton e Sheila Heen, se precisar de mais orientação sobre como ter uma conversa com os membros de sua equipe.) As melhores empresas ajustam planos de melhoria de desempenho e dão às pessoas uma chance — se os funcionários não mudarem, eles são livres para buscar outras oportunidades.

Na Fitness Together, contratei muitos membros da família, e isso se tornou um problema. Havia um profundo senso de lealdade (era um de nossos valores fundamentais!) e para a maior parte funcionou bem. Mas quando você tem funcionários ruins, especialmente se eles forem seus familiares, você *tem* de dispensá-los. Se não o fizer, você passará a mensagem de que há uma complacência — e isso pode realmente começar a provocar furos na cultura que se quer implementar e a impactar o desempenho de outros.

Tenha, no mínimo, um sistema em vigor para avaliar os funcionários trimestralmente. Como você pode conseguir que seus funcionários ruins atinjam um desempenho padrão minimamente aceitável (ou como liberá-los para uma empresa onde eles talvez se ajustassem melhor) se não tiver sequer um sistema para avaliá-los?

Comece aceitando o fato de que funcionários excelentes não gostam de trabalhar com funcionários ruins ou medianos. Eles rapidamente ficam frustrados e partem para novos desafios. Se sua missão é o que mais importa para você, saiba que deixar que funcionários ruins permaneçam irá corroê-la.

Tenha um processo de avaliação de funcionários a ser seguido trimestralmente para reconhecer seus funcionários excelentes e liberar seus funcionários ruins para outras empresas mais adequadas.

JONATHAN: O QUE CÃES DE TRENÓ ME ENSINARAM SOBRE TRABALHO EM EQUIPE

Jonathan com Nanouk/Jonathan Slain

A cadela que tenho em meus braços na foto se chama Nanouk. Quando eu estava em um canil no Canadá com o Entrepreneurs' Organization Forum, percebi que Nanouk corria rápido o suficiente para acompanhar o ritmo, mas não para puxar o peso do trenó. Todos os outros cães estavam puxando as cordas de reboque para ajudar a mover o trenó. E Nanouk? Ela estava correndo rápido o suficiente apenas para acompanhar os outros cachorros e não ser arrastada, sem ajudar a suportar a carga.

Certifique-se de que nenhuma das equipes de sua empresa tenha uma Nanouk.

Uma grande parte do planejamento para recessão é **liberar as Nanouks**. As empresas que têm o melhor desempenho em uma recessão são as que gastam o tempo necessário para avaliar regularmente todos os seus funcionários — e que estão dispostas a liberar os funcionários ruins para que eles possam ir trabalhar para seus concorrentes. Assim, os funcionários ruins podem ir puxar os trenós dos competidores e não mais atrasar essas empresas que se organizaram de antemão.

Ao longo dos anos que venho fazendo planejamento estratégico com empresas e trabalhando com suas equipes, percebi que o fator mais crítico para o crescimento — e isto se aplica especialmente durante uma recessão — é a disposição de atualizar equipes. Você não pode se dar ao luxo de esperar até estar em uma recessão para conseguir a equipe certa.

As empresas que estão dispostas a desenvolver seu pessoal constantemente são as vencedoras.

Quando se está obtendo margens de lucro acima da média, é difícil cortar pessoas com as quais você construiu um relacionamento ao longo de muitos anos. Quando uma empresa está indo bem, é muito difícil dizer frases como "Joe precisa ir embora", mas é de vital importância para o futuro de sua empresa que você faça isso. **Não deixe o fato de a empresa estar indo bem torná-lo benevolente e mole.** Não ignore o fato de que alguém é um funcionário ruim só porque o trabalho precisa ser feito. O lucro tende a mascarar os problemas dos indivíduos — fique vigilante quanto à avaliação de talentos e responsabilize as pessoas por seus respectivos atos.

As empresas de alto crescimento são muito boas em tomar decisões efetivas e oportunas sobre pessoas. Elas têm conversas francas e difíceis com seu pessoal e geralmente dão três advertências a seus funcionários antes de tomar atitudes mais severas. Se eles não melhorarem, estão fora. Ser capaz de tomar boas decisões sobre quem compõe sua equipe é parte fundamental da preparação para a recessão. Isso significa tentar constantemente obter mais funcionários excelentes e se livrar dos ruins.

Como Nickell, Rollins e Hellman escreveram em seu artigo sobre recessões: "Infelizmente para alguns funcionários com baixo desempenho, o 'pontapé no traseiro' [provocado por uma recessão] força a empresa a fazer o que ela deveria ter feito há muito tempo — deixá-los ir."

Às vezes, dizem os autores, um chute na parte de trás é apenas o remédio necessário para forçar as empresas a mudarem sua direção e sobreviver. Você pode escolher chutar ou ser chutado!

PAUL: COMO AVALIAR CONSISTENTEMENTE SUA CULTURA

Sempre faço as duas perguntas a seguir aos líderes: 1. Mais da metade de sua empresa é composta por funcionários excelentes? 2. Você avalia e dispensa regularmente seus funcionários ruins?

Minha definição de funcionário excelente é aquele alguém que você iria querer ou mesmo precisaria ter em sua equipe se fosse começar sua empresa a partir do zero. Minha definição de um funcionário mediano é alguém que é importante, mas não crítico.

E os funcionários ruins? Para mim, um funcionário ruim é alguém que você sabe que deveria demitir, mas simplesmente não o faz por qualquer razão.

Já vi muitas empresas que não tinham os funcionários certos na equipe — e isso de fato coloca uma empresa em risco.

Indo direto ao ponto, se você não tiver os líderes certos em sua equipe administrativa — e se não está demitindo regularmente as pessoas que não são adequadas para cargos de alta liderança —, estará se colocando em um risco ainda maior em uma recessão.

ADAPTANDO SUA CAPACIDADE AO TAMANHO CERTO

Se sua empresa está passando por um crescimento rápido, é crucial que você tome o tempo necessário para reavaliar constantemente sua carga de trabalho e adequar a capacidade de seu negócio ao tamanho certo. A única maneira de reconhecer as lacunas que precisam ser preenchidas — lacunas de talentos ou de recursos — é avaliando. Conforme fizer isso, você será capaz de descobrir funcionários que podem ser transferidos para outras áreas da empresa, de modo a dar um melhor suporte às suas prioridades estratégicas.

Recomendamos uma revisão trimestral de talentos para identificar lacunas nas áreas e divisões mais críticas. Direcione seu melhor pessoal para as melhores oportunidades: a maioria das empresas reverte esta prática e encarrega seus funcionários mais brilhantes de limparem a bagunça. Tenha o cuidado de não alocar as pessoas em silos — e seja flexível o suficiente para transferir seus talentos para onde eles causarão maior impacto.

> Transfira regularmente seu melhor pessoal para as maiores oportunidades.

Se o seu caso for como o de muitas empresas, você *faz* esse tipo de ajuste, porém de forma reativa. Não é um processo sistemático proativo. Por exemplo, você perde seu maior cliente e só então reconhece que deve diminuir o tamanho da empresa. Ou conquista um grande contrato de forma inesperada e só então percebe que precisa contratar mais pessoas.

O problema de administrar seus negócios dessa maneira é que, quando o tamanho certo é atingido, você corre o risco de ficar eventualmente com excesso ou falta de pessoal. Você se vê forçado a cortar postos de trabalho ou a despedir para contratar novos funcionários e acelerar o treinamento deles. Soa familiar? Não se deixe levar por essas situações. Tenha estratégias para maximizar o valor de seu negócio — e então use ferramentas de medição de desempenho para tomar decisões corretas sobre pessoas que darão suporte a essas estratégias.

Lembre-se: se você não tiver cuidado ao tomar duras decisões envolvendo pessoas, essas decisões podem acabar sendo tiradas de suas mãos — pelo banco! Já vimos isso antes, e a coisa é feia! Se você não mantém sua base de clientes e engana a si mesmo pensando que vai conseguir mais clientes novos, consequentemente, não fará os ajustes necessários. O que pode acontecer é o banco lhe fazer uma visita para cobrar seus compromissos de convênios de dívidas.

> Deixe seus negócios do tamanho certo continuamente e faça ajustes antes que seu banco os faça por você!

PRATICANDO PARA A PRÓXIMA RECESSÃO

Quão grave será a próxima recessão? Que indústrias serão afetadas? Será como a última?

As empreiteiras, por exemplo, foram massacradas na Grande Recessão, e as empresas de tecnologia foram esmagadas na Bolha da Internet de 2001.

Aprenda com a história. Que lições você pode tirar das recessões passadas?

Novas informações estarão sempre chegando até você, por isso é tão importante reavaliar seu plano para a próxima recessão a cada trimestre. Com base nas novas informações, você pode considerar mudar de faixa ou pegar uma saída.

Você deveria pivotar? Deveria considerar uma recolocação? Deveria visar uma aquisição? Esses são os tipos de perguntas que você responderá em suas sessões de práticas de recessão trimestrais.

De acordo com CJ Rhoads, "os executivos deveriam procurar barganhar e comprar durante uma recessão", tirando proveito do mercado do comprador e da falta de concorrência. Por exemplo, o Banc One — sediado em Columbus, Ohio — usou a recessão de 1990-1991 para adquirir de forma agressiva outros bancos e atingir seu objetivo de se tornar um banco nacional. Eles foram capazes de atacar porque tinham praticado seu plano com antecedência e tiveram as conversas necessárias internamente. Estas são conversas que você também precisa ter, não apenas como empresa, mas também *dentro de cada divisão.*

A estratégia de recessão de Don Greenland, como você deve se lembrar, especifica que cada presidente regional da empresa deve trabalhar individualmente o plano da empresa e ter o poder de acionar os níveis dentro de seus próprios grupos. Um ponto importante: cada líder é capaz de agir quando necessário. Na Nabholz, eles não querem atrasar as coisas com burocracias e "aprovações". É assim que você precisa pensar. **Cada região, divisão e departamento de uma empresa deve desenvolver um**

miniplano de recessão, como parte do todo. Cada divisão deve praticar sua parte do plano geral.

OUTRAS MELHORES PRÁTICAS

O planejamento para recessão é uma jornada contínua, portanto, preste atenção aos sinais vermelhos. Se precisar fazer cortes em um período de crise, evite várias rodadas de demissões. Cortar duas pessoas na sexta-feira, depois mais duas na sexta-feira seguinte, e assim por diante, é uma péssima ideia — acaba com a autoestima do grupo. **Corte de uma vez, corte a fundo** é nosso lema. Uma grande inspiração nossa é Daren Alexander, cuja empresa, A-C Electric, tem o excelente hábito de *praticar* redução de pessoal com sua liderança.

Como eles praticam isso exatamente? De acordo com Daren, a chave é a comunicação. Mas muitas empresas pensam o contrário — que falar sobre algo como uma recessão deixa um gosto ruim na boca das pessoas e desperta emoções negativas. Como resultado, realmente evitam falar a respeito disso. Acreditamos que o oposto é verdade. Quanto mais você falar sobre seu plano de recessão, melhor será para o psicológico das pessoas. Como Daren, acreditamos que é impossível se comunicar demais.

Mas isso não significa que a comunicação deva ser desorganizada ou feita ao acaso. Você precisa ser aberto, objetivo e precisa ter um *sistema* para fazer planejamento estratégico em sua empresa, **uma cadência regular de prática**.

Passe um dia a cada trimestre planejando e construindo sua visão, e use esse mesmo dia para pensar em como você pode seguir eliminando o desperdício nos negócios e melhorando seus processos, incluindo seu plano de recessão. Essa é a essência da melhoria contínua. O que você pode delegar, automatizar ou eliminar para reduzir custos?

AVALIAÇÃO DE PREPARO PARA RECESSÃO: PERGUNTA Nº 14

A sua empresa tem um processo de melhoria contínua e você mede regularmente o progresso dela em relação às metas estabelecidas?

Se marcou VERDE nesta pergunta, você tem um bom processo para reconhecer e se livrar de qualquer tipo de desperdício — de mão de obra, materiais e despesas gerais. Continue a fazer o que já está fazendo: tenha foco em criar uma cultura organizacional de melhoria contínua. Há sempre maneiras de racionalizar ainda mais seus sistemas e processos.

Entretanto, talvez você aja como outras empresas por aí: conhece a ideia de melhoria contínua e trabalha para aprimorar seus processos e eliminar desperdícios, mas não tem uma disciplina organizada em torno de uma melhoria contínua. Se isso lhe soa familiar, marque AMARELO na pergunta nº 14. Você está bem encaminhado e pode começar a se educar mais sobre a melhoria contínua. Leia *2 Second Lean,*[10] de Paul Akers e *A Meta*, de Eliyahu Goldratt. Em seguida, obtenha ajuda de um especialista para trabalhar diretamente com sua equipe e implementar as melhores práticas de aprimoramento contínuo.

Se você nunca ouviu falar em melhoria contínua (também conhecida como "Lean") ou já ouviu falar, mas ainda não começou sua própria jornada, marque VERMELHO aqui e siga as instruções para amarelo.

---

[10] *Lean* (enxuto) é, na verdade, apenas uma palavra chique para falar sobre melhoria contínua e eliminação de desperdícios em uma empresa.

PAUL: "MELHOR, MAIS RÁPIDO E MAIS BARATO"

Como discutimos anteriormente, a chave para permanecer relevante no mundo dos negócios a longo prazo é a melhoria contínua. Ótimo! Agora, como inspirar seu pessoal a se apropriar disso e colocar em prática?

Quando eu era presidente da Roth, implementei a abordagem Melhor, Mais Rápido e Mais Barato (BFC: *Better, Faster, Cheaper*). Realizei reuniões trimestrais com funcionários durante as quais, entre muitos outros itens, eu explicava a importância da melhoria contínua para a sobrevivência do negócio.

> Como você pode fazer seu trabalho de maneira **melhor**? Como você pode fazer seu trabalho de maneira **mais rápida**? Como você pode fazer seu trabalho de maneira **mais econômica**?

Ao longo do processo BFC, os funcionários se perguntavam como poderiam fazer seu trabalho de maneira melhor, mais rápida e mais barata. Depois, eles passavam por exercícios com seus supervisores. A fim de obter os melhores resultados, assegurei-me de que os funcionários se sentiam habilitados a falar — eles entendiam que **nenhuma ideia era pequena demais para ter importância.** De acordo com a *Forbes*, a American Airlines uma vez fez um processo BFC na empresa e economizou mais de quarenta mil dólares por ano retirando uma azeitona de cada bandeja de refeição da primeira classe. Que azeitonas existem em sua empresa?

Também fiz com que os supervisores abraçassem o programa e o incentivassem através da medição e da divulgação de resultados. Em sua empresa, recomendo medir o número de ideias geradas por funcionário, calculando a média por supervisor, e depois colocar à mostra esses resultados. Depois disso, faça o mesmo em relação ao número de ideias *implementadas*. Tente estimar o impacto dessas mudanças através de métricas como dinheiro economizado, tempo economizado ou melhoria na experiência do cliente.

Quanto mais você *mostrar* as melhorias, mais seu pessoal continuará a se comprometer com o BFC. Comemorar também é crucial.

O QUE REALMENTE SIGNIFICA ABRAÇAR A MELHORIA CONTÍNUA

Muitas empresas *têm* uma iniciativa de melhoria contínua (Lean) e *estão* medindo regularmente seu progresso em relação às metas estabelecidas. Às vezes, porém, elas cometem o erro de se deslumbrar com *toda* ideia nova de melhoria de negócios que as pessoas trazem. Esse tipo de liderança sofre da chamada "Síndrome de Livraria de Aeroporto". Eis como funciona: um executivo faz uma viagem de trabalho, para na livraria do aeroporto e passa o tempo da viagem para casa lendo o mais novo e recente livro de negócios. Em seguida, o executivo volta para a empresa e, apesar de já ter várias iniciativas em andamento, decide dar início a uma terceira ideia nova, ou quarta, ou quinta, com base nas recomendações do livro que acabou de ler.

O problema é que essa constante mudança desenfreada provoca perda de firmeza e retrocesso no progresso já obtido. É como ter seu pé sobre o acelerador *e* sobre o freio ao mesmo tempo.

De acordo com um artigo da *Harvard Business Review* sobre a Síndrome de Livraria de Aeroporto:

> Um obstáculo particularmente problemático à melhoria sustentada... é a fadiga da iniciativa, que ocorre quando os líderes mudam muito rapidamente de uma melhoria para outra... Embarcar em um novo projeto é muitas vezes mais empolgante do que seguir o curso, mas não proporciona necessariamente os melhores resultados a longo prazo.

É muito melhor escolher algumas prioridades e realmente focar nessas iniciativas. Como diz o guru de negócios John Milos: "Coloque seus ovos em uma cesta e observe essa cesta de perto." Em seguida, pratique e refine. E depois refine novamente. Ou como o professor John P. Kotter, da Escola de Negócios de Harvard, diz: "Nunca deixe para trás. Continue aprendendo com a experiência. Não declare vitória muito cedo. Quando uma organização tira o pé do acelerador, surgem resistências políticas e culturais." Não há nada de errado em criar *novas* iniciativas estratégicas, desde que as iniciativas antigas tenham tempo para ser bem-sucedidas e se tornar parte do DNA da empresa.

Betsy Mack Nespeca, presidente da Mack Industries, acredita em cultura de melhoria contínua e desenvolvimento das pessoas. No entanto, pode ser difícil introduzir uma necessidade de mudança através dos conceitos Lean em uma empresa de sucesso com 87 anos de idade. Embora a liderança tenha assumido um forte compromisso de engajar suas equipes em torno da melhoria contínua, criando, entre outras coisas, cartões de pontuação, eles inicialmente encontraram algumas resistências. Descobriram também que, sendo uma empresa com presença em várias localidades, a implementação consistente tornava-se mais difícil.

Betsy tem razão sobre a existência de empecilhos, e toda organização têm seus próprios desafios quando se trata de implementar melhoria contínua. A chave é ser flexível e continuar a refinar.

> Refinar, refinar.

A implementação da melhoria contínua é um processo que não tem fim. Não é um evento único. Infelizmente, é assim que a maioria das empresas trata as iniciativas Lean (e depois se perguntam por que não funcionam).

Praticar e refinar é o que provoca melhorias, e, é claro, tudo isso se aplica ao planejamento de recessão também.

Favor observar que a "Síndrome de Livraria de Aeroporto" mencionada não se aplica a este livro! Especialmente se você comprá-lo em um aeroporto ou estiver lendo-o em um avião!

AVALIAÇÃO DE PREPARO PARA RECESSÃO: PERGUNTA Nº 15

O time de liderança da sua empresa tem um método preciso para monitorar o backlog, as tarefas em andamento e o pipeline de potenciais novas tarefas?

Na Roth, cada grupo de negócios tinha um pipeline a ser apresentado uma vez por mês na reunião do time executivo da empresa. Qualquer membro do time executivo poderia contestar qualquer pipeline de outro grupo de negócios — era permitido desafiar a real probabilidade de um determinado contrato ou acordo do pipeline ser concretizado.

Cada grupo de negócios classificava seus projetos em categorias com base na probabilidade (ou seja, a probabilidade de cada negócio realmente ser fechado). Naturalmente, havia uma enorme quantidade de pipelines na categoria de 25 por cento ou abaixo. Ninguém dava muita atenção a esta pilha — era mais um sonho do que uma realidade em potencial —, mas quando a probabilidade passava de cinquenta por cento, setenta por cento, uma análise séria era feita. Paul e sua equipe eram capazes de prever, com um bom grau de precisão, a quantidade de negócios que eles fechariam — o que significava que poderiam posteriormente fazer ajustes e recrutar os talentos necessários.

Se você marcou VERDE nesta questão, isso significa que você é implacável não somente ao avaliar e medir o backlog, mas também ao contestar acordos improváveis, como Paul e sua equipe faziam na Roth. Mas se o seu caso for como o de muitas empresas, você está apenas na metade do caminho: você *está* monitorando seu backlog — esta é a parte fácil —, mas não está afiado em suas análises de pipeline. Se isso lhe parece familiar, marque AMARELO na pergunta nº 15.

Algumas empresas têm uma equipe de vendas inchada porque o pipeline parece exigir a dedicação de todo o pessoal de vendas. Entretanto, a verdade é que grande parte desses negócios nunca vão ser fechados. O que acaba acontecendo é que a empresa mantém todos seus vendedores por perto e, três ou quatro anos mais tarde (quando eles ainda não fecharam nada), finalmente os deixa ir.

Uma boa maneira de evitar essa armadilha é dar à sua equipe de vendas um *scorecard* diário, semanal, mensal, trimestral e anual que mostre o número de negócios fechados e o volume de receita fechada. Poucas pessoas têm a capacidade de pedir a conta e fechar o negócio. **Não perca tempo — elimine as pessoas de vendas que não conseguem fechar vendas.**

Além disso, ao procurar por profissionais de vendas, recomendamos que você utilize o perfil DiSC™ ou o Culture Index™. Esses perfis comportamentais ajudam proprietários e executivos de empresas a verificarem rapidamente quais comportamentos no trabalho podem ser esperados de alguém que desejam contratar. Os candidatos podem fazer o exercício online — leva cerca de dez minutos —, e os líderes da empresa aprenderão muito com os resultados. Observe que certos perfis comportamentais são especificamente orientados para funções de vendas. Contudo, por favor, consulte seu profissional de recursos humanos ou advogado em relação ao uso de perfis no momento das contratações, para não infringir a lei.

Se você marcar amarelo na pergunta nº 15, recomendamos que contrate um especialista em perfis comportamentais para começar a contratar os vendedores certos, e talvez um CFO terceirizado para ajudar a avaliar seus relatórios (os CFOs terceirizados são profissionais em período parcial que trabalham para várias empresas diferentes ao mesmo tempo).

Agora, se você não revisa o seu backlog ou o seu pipeline, provavelmente já sabe que está em apuros. Você está em modo de crise o tempo todo? Está sempre reativo ao invés de proativo, respondendo a fatos e circunstâncias no calor do momento, em vez de ser capaz de prever e planejar? Você tem muito trabalho ou, por outro lado, nenhum trabalho?

Se isso lhe parece familiar, marque VERMELHO na pergunta nº 15, e comece contratando um consultor de perfil comportamental e criando um perfil DiSC™ ou Culture Index™ para você mesmo e todo seu time de liderança. Você precisará começar a aprofundar seu autoconhecimento e a fazer a si mesmo as perguntas difíceis: você *quer* estar no controle de seus negócios ou está contente em continuar a ser reativo? Você está pronto para fazer uma mudança? Se assim for, siga as recomendações para amarelo.

AVALIAÇÃO DE PREPARO PARA RECESSÃO: PERGUNTA Nº 16

Sua empresa tem um método para acompanhar a produtividade de cada funcionário?

PIRÂMIDE DE PRODUTIVIDADE DE TRABALHO

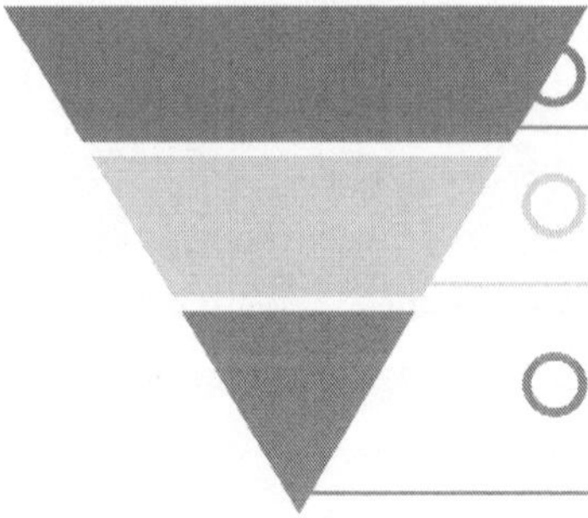

Medimos a produtividade do trabalho. (Ou seja, quilos de folha de metal por hora, receita por funcionário etc.)

Temos uma iniciativa clara para impulsionar as melhorias de produtividade da mão de obra, a equipe está envolvida nisso e medimos nosso progresso.

A cultura de nossa empresa acredita em melhorias diárias incrementais, recompensamos os membros de nossa equipe por suas ideias e nos dedicamos a melhorar nossa produtividade, o que nos dá vantagem competitiva.

Se você marcar VERDE nesta questão, isso significa que sua empresa tem boa produtividade. Todo funcionário conhece o trabalho, cumpre bem com as respectivas tarefas e busca melhorar o próprio desempenho regularmente. Seu pessoal está bem treinado, e você tem um sistema para encorajá-lo a seguir melhorando.

Continue a fazer o que está fazendo. Continue acompanhando a produtividade — e oferecendo feedback para que seu pessoal possa manter ou melhorar seus objetivos de produção. É essencial que cada pessoa no campo ou na linha de frente de sua empresa saiba quais são os objetivos de produção para cada dia.

Algumas empresas cometem o erro de medir produtividade em uma base mensal, em vez de diária ou semanal. Se este for o seu caso, marque AMARELO na pergunta nº 16. Toda empresa e equipe deve ter um briefing de tarefas todas as manhãs e discutir as expectativas para o dia, de modo que todo o grupo saiba o que significa vencer. Como humanos, queremos vencer — e se não nos for dado um objetivo, não temos como oferecer o melhor desempenho possível. Certifique-se de que você está ajustando a barra no nível mais alto possível. Evite o erro de inconscientemente incentivar a mediocridade. Ao medir os indicadores de forma incorreta, você acabará permitindo que profissionais medíocres se escondam à vista de todos.

Em algumas empresas, os funcionários não têm objetivos predefinidos, pelo menos não de forma individual. Se este é o seu caso, marque VERMELHO na pergunta nº 16. Você precisa adotar uma nova mentalidade e começar a prestar atenção à produtividade dos funcionários. Recomendamos que você leia *As 4 Disciplinas da execução*, de Chris McChesney, Sean Covey e Jim Huling, e *Avalie o que importa*, de John Doerr. Dê à sua equipe objetivos diários para motivá-la e certifique-se de garantir o devido reconhecimento quando ela suprir ou exceder as expectativas.

AVALIAÇÃO DE PREPARO PARA RECESSÃO: PERGUNTA Nº 17

O time de liderança da sua empresa compara resultados financeiros alcançados com resultados pretendidos na conclusão de cada projeto ou trimestre (o que for mais apropriado para seu negócio)?

Se você marcar VERDE na pergunta nº 17, isso significa que sua empresa está vigilante quanto à revisão do status dos projetos e acompanhando o progresso. Você olha para seu fluxo de caixa pensando em cada projeto. Você entende a importância das margens de lucro bruto para o sucesso de seu negócio e dá o tempo e a atenção necessários à realização de revisões periódicas dos custos de trabalho.

Lucro abaixo da expectativa é o seu lucro que vaza lentamente para a atmosfera. É a diferença entre o lucro bruto estimado e o lucro bruto real. Quando seu lucro real é menor do que o estimado, você está experimentando um lucro abaixo da expectativa. Ocorre sempre que você espera ganhar uma certa quantia em um trabalho ou venda e acaba recebendo menos do que esperava. Se você não está monitorando o lucro abaixo da expectativa, sua empresa está perdendo dinheiro. Lucro abaixo da expectativa é o escoamento do seu patrimônio líquido! Você precisa realizar análises em seus trabalhos, projetos ou vendas mensais no varejo e descobrir por que lucrou abaixo do esperado. A única maneira de corrigir isso é rastreando essas informações.

Como discutido no livro de Daniel Coyle, *Equipes Brilhantes*, os Navy SEALs são conhecidos por realizarem uma análise após cada ação. Suas análises devem seguir a mesma fórmula usada pelos SEALs. Pergunte-se:

- Quais eram os resultados pretendidos?
- Quais foram os resultados reais?
- O que causou estes resultados?
- O que você fará igual da próxima vez?
- O que você fará de diferente da próxima vez?

Quando Jonathan estava na Fitness Together, ele e sua equipe mediram seu lucro abaixo do esperado em termos do número de sessões de personal training gratuitas que eles precisavam ofertar quando cometiam um erro. Obviamente, toda vez que eles davam uma sessão de graça, sua margem de lucro era afetada negativamente. Às vezes, Jonathan chegava à conclusão de que esse problema era causado pelo mau desempenho dos funcionários. Mas na verdade, muitas vezes, o verdadeiro problema era que eles aceitavam os clientes errados. **Aceitar um trabalho ou projeto errado com um cliente difícil quase sempre significa que você está destinado a ter um lucro abaixo do esperado.**

Em *The Pumpkin Plan*, de Mike Michalowicz, o brilhante autor fala sobre como cultivar uma abóbora gigante, daquele tipo que é exibido nas feiras; é preciso cortar fora constantemente todas as abóboras pequenas e corroídas da vinha ao redor, porque elas roubam nutrientes da abóbora gigante. As empresas precisam aplicar a mesma disciplina dos agricultores: elas precisam liberar regularmente clientes problemáticos que causam o lucro abaixo do esperado e exigem mais do que a quantidade de recursos limitados disponível. Empresas orientadas para o crescimento devem buscar clientes ideais que tenham o potencial de se tornarem abóboras gigantes!

Se você lida com esse problema, marque AMARELO na pergunta nº 17. Seu objetivo é encontrar o ponto onde será capaz de entregar o trabalho ou serviço solicitado sem gerar excesso de custos e sem ter prejuízos para que o projeto seja concluído.

Se você não está medindo o lucro abaixo do esperado de seu trabalho atual, marque VERMELHO aqui. Recomendamos que você se encontre com o CFO ou o controller e, se possível, com a empresa de contabilidade externa, para projetar um processo de acompanhamento de lucro abaixo do esperado no trabalho e de relatórios personalizados para seu negócio.

Aconselhamos que você nomeie um CFO — *Chief Fade Officer*. O trabalho dele é descobrir as fontes do lucro abaixo do esperado e corrigir as causas profundas para que não se repitam.

PRATIQUE, PRATIQUE, PRATIQUE

A essa altura você já fez um grande trabalho nas três primeiras marchas do Modelo de Caixa de Câmbio da Recessão. Sua cultura está ajustada, você está cercado de bons funcionários e está acompanhando a produtividade e o lucro abaixo do esperado. Mas isso não significa que você já pode desacelerar ou frear. Você deve

estar sempre praticando seu plano. Pense nisso como levar seu plano de recessão para dar uma volta com sua equipe. Com esses test drives, será possível visualizar onde são necessários ajustes para se obter máximo de desempenho.

Como a Primeira Marcha (Avaliar), a prática é externa à economia; ela acontece o tempo todo. É algo que sempre precisa ocorrer, independentemente do mundo exterior.

Praticar significa rever seu plano regularmente com sua equipe. Significa ensaiar para uma recessão, de maneira que você esteja pronto a *qualquer momento*. Lembre-se: uma recessão não é apenas um tipo de crise econômica citado em livros didáticos.

> Uma recessão não é apenas quando a economia tem dois trimestres de declínio sucessivos. Qualquer grande contratempo em sua empresa ou em sua indústria pode levar a uma crise.

Você pode estar pensando: *estou pronto*. E pode até ser verdade; entretanto, a questão aqui é a necessidade de praticar essas iniciativas *antes* que os socos comecem a atingi-lo. Lembre-se do célebre dizer de Mike Tyson ao ser perguntado sobre sua luta com Evander Holyfield: "Todos têm um plano até levarem um soco na boca." Mesmo empresas que pensam entender os sábios conselhos de Mike muitas vezes não praticam o suficiente e acabam improvisando com a equipe quando algo dá errado. Se praticar o suficiente, você será capaz de tomar um golpe e ainda assim seguir lutando. Não deixe que uma recessão lhe dê um soco na boca!

Em seu livro, *Make Big Happen*, o CEO, coach e empresário Mark Moses conta uma história sobre estar em um avião e enfrentar uma turbulência pesada. Em vez de tranquilizar os passageiros, o piloto apenas fingiu que nada tinha acontecido. O problema é que, quando há falta de informação, as pessoas tendem a preencher esse vazio com suas próprias — muitas vezes irracionais — suposições. Moses compara este comportamento com o dos líderes empresariais, que "muitas vezes não se comunicam claramente sobre o que está acontecendo e para onde as coisas estão caminhando — especialmente em tempos incertos. Em vez disso, eles se trancam com suas equipes atrás de portas fechadas para pensar em estratégias".

Não deixe que esse seja você. Ensaie com sua equipe antes que seja a hora da verdade. Você quer que seu CFO e sua equipe executiva assistam às notícias, surtem e deem para atrás? "Eu sei que nós dissemos que íamos comprar esta empresa, mas agora o céu está desmoronando!" Ou você quer que eles ajam contrariamente ao plano concreto que você elaborou de maneira tão obstinada?

Se fizer sua parte direito, não terá que se preocupar com retrocessos. Você terá de passar meses, até anos, para organizar sua equipe executiva em uma frente unida, trabalhando em diferentes cenários: como lidaríamos com as demissões? Quem enviaria os e-mails? Você precisará definir a lista de quem vai ser demitido e de quem fará os avisos em nome da empresa e quando. Também será necessário praticar seu planejamento estratégico envolvendo as empresas-alvo a serem compradas, quem vai contatá-las — e como exatamente serão feitas as aquisições.

É importante fazer tudo isso para atribuir credibilidade ao seu plano, para desenvolver memória muscular, assim como ocorre quando estamos aprendendo a dirigir, e também para que haja revisão do planejamento conforme necessário. A cada trimestre sua estratégia deve evoluir, dependendo do que estiver acontecendo em sua organização e na economia.

AGINDO

Fizemos referência a muitos livros em todo capítulo da Terceira Marcha. Selecione um livro para ler com seu time de liderança e comece a melhorar as áreas que oferecerem as maiores oportunidades, sejam elas relacionadas à melhoria da cultura, ao aumento do número de funcionários excelentes na equipe, à melhoria da produtividade, à redução de lucros abaixo da expectativa ou ao desenvolvimento de uma rotina regular de prática de seu plano de recessão.

Se você não tem certeza por onde começar, leia o livro *Traction* com sua equipe e concentre-se nas recomendações do autor sobre como estabelecer uma cadência regular de reuniões de planejamento estratégico (nas quais você pode convenientemente praticar e refinar de forma contínua seu plano de recessão).

CAPÍTULO QUATRO

QUARTA MARCHA: ACELERAR

Instruções para o uso da Caixa de Câmbio da Recessão:

- 1ª Marcha (Avaliar): sempre comece com a 1ª Marcha
- **Em seguida, engate a 2ª Marcha (Ajustar), 3ª Marcha (Correr) e/ou 4ª Marcha (Acelerar), dependendo de como estará "A Economia"**
    - **Se A Economia estiver nos estágios de Expansão ou Recuperação do ciclo, engate a 2ª Marcha, então a 3ª Marcha e, a seguir, a 4ª Marcha**
    - **Se A Economia estiver em Recuperação ou Contração, engate a 3ª Marcha e, então, a 4ª Marcha**
    - **Se A Economia estiver em Contração ou Recessão, engate a 4ª Marcha imediatamente, se possível**

Use o Freio de Emergência em qualquer ponto, caso necessário.
Acima de tudo, use seu julgamento para determinar qual Marcha usar de acordo com as circunstâncias dentro da sua empresa e fora, na Economia.

Temos que ser honestos: esta é nossa marcha favorita. É a marcha mais ousada, porque vai muito contra a corrente. Quando a maioria das pessoas pensa em *planejamento de recessão*, elas pensam: "Como posso sobreviver? Como faço para atravessar este período?"

Para nós, isso não é muito animador. O que nos deixa animados é pensar em como crescer — acelerando — ao longo da próxima recessão.

PAUL: COMO EU USEI A ESTRATÉGIA DO OCEANO AZUL

Quando minha equipe na Roth e eu estávamos nos preparando para a recessão, uma das coisas menos convencionais que fizemos foi ler um livro juntos. O livro era chamado *A Estratégia do Oceano Azul*, e a ideia por trás é que, quando se trata de planejamento estratégico, é melhor *não* nadar no maldito oceano vermelho sangrento da concorrência, mas sim no oceano azul, limpo e calmo da inovação e diferenciação.

Você pode ver isso, por exemplo, no modo como Gary Burnison, CEO da empresa de consultoria Korn/Ferry, transformou sua organização, ampliando a abordagem de todo o conceito de recrutamento. Como ele descreve na *Harvard Business Review*:

> Há uma analogia entre uma empresa de recrutamento de executivos e um espaço de emergência hospitalar. Os clientes só procuram recrutadores quando há um grande problema, da mesma forma que as pessoas vão ao hospital apenas quando há emergências... eu queria diversificar a Korn/Ferry... para que pudéssemos ajudar os clientes oferecendo todos os talentos necessários, de modo que eles não pensassem em nós apenas em momentos de crise.

Em um oceano vermelho, você tenta navegar pela água em um espaço de mercado já existente. É a tentativa de vencer a concorrência e explorar a demanda existente. Mas **em um oceano azul, você pode criar um espaço de mercado incontestável.** É o ato de tornar a competição irrelevante para as demais empresas ao criar e captar novas demandas, como Gary Burnison fez na Korn/Ferry.

Usando a metodologia do Oceano Azul na Roth, nós articulamos nossa empresa para longe da construção e em direção ao serviço. Não *precisávamos* fazer essa mudança. Nós poderíamos ficar como estávamos. Estávamos indo bem com nossa divisão de oitenta por cento construção/vinte por cento negócios de serviços, ainda lucrando. Contudo, teríamos sido liquidados na recessão e teríamos que fazer demissões em massa. As pesquisas mostram que "as empresas que se adaptam com sucesso podem emergir mais fortes do que nunca", enquanto aquelas que não o fazem "enfrentam uma realidade darwinista" (*Journal of Business Research*).

Na Roth, eu sabia o que estava por vir e percebi isso em relação ao ramo da construção para sistemas AVAC.

> Eu remei como louco com minha equipe para sair do oceano vermelho antes que a onda da recessão caísse sobre nossas cabeças!

PAUL: COMEÇAR TENDO O FIM EM MENTE

Compreendi o potencial que se apresentava na forma de serviços para AVAC, telhados e de gestão de energia em uma recessão — decidimos, portanto, que, em vez de oitenta por cento de foco em construção, nós iríamos pivotar para sermos oitenta por cento focados em prestação de serviço. Começamos a nos movimentar já **tendo o fim em mente** e nos adiantamos sobre o que poderia acontecer em uma situação de saída. Nós sabíamos que um comprador pagaria de sete a oito vezes o valor de uma anuidade de serviços, mas eles pagariam apenas o valor contábil, ou no máximo duas a três vezes o valor por um negócio de construção.

Além de passarmos da construção para o serviço, nós investimos muito em tecnologia da informação. E nos tornamos uma empresa verde em grande escala, com foco na sustentabilidade, proporcionando economia em gastos com energia e serviços de manutenção ao bolso de nossos clientes. Também reformulamos nossa marca. Juntas, estas mudanças nos diferenciaram de nossa concorrência.

Naquela época, a maioria das empresas aceitava que suas contas de energia eram o que eram. Vimos uma oportunidade inexplorada e fomos proativos em alavancá-la. Em uma recessão, empresas estão sempre procurando maneiras de reduzir custos. Dizíamos a potenciais clientes: "Aqui está o que você vai ter em sua parceria conosco. Aqui está a ideia que temos para ajudá-lo a reduzir seus gastos energéticos. Aqui estão os serviços que podemos implementar em seu nome. Aqui está a expectativa de redução em sua conta de energia."

Nossa nova abordagem foi um enorme sucesso. Combinamos a estratégia certa com a equipe certa. Tínhamos grandes profissionais e juntos implementamos bem a estratégia. Nós estávamos concentrados nos resultados. Esse alinhamento foi o que nos permitiu fazer a empresa **crescer exponencialmente durante toda a recessão.**

PREENCHENDO A LACUNA

A Estratégia do Oceano Azul o ajuda a entender quais habilidades lhe faltam. Ela o ajuda a olhar criticamente para o seu negócio, verificar aonde você quer ir e, então, qual é a lacuna entre uma coisa e outra. Consequentemente, é necessário bolar **um plano para preencher essa lacuna.**

Por exemplo, se você quiser passar de 25 milhões de dólares para cem milhões de dólares em receitas, e se desejar entrar em diferentes mercados, mas não tiver talentos internos para fazer isso, então o que você tem é uma "lacuna de talentos". Uma maneira de preencher essa lacuna poderia ser através de aquisições. Da mesma forma, se você quiser adotar práticas de melhoria dentro de sua empresa, mas não tiver ninguém em sua equipe que seja um especialista, esta também seria uma lacuna de talentos.

Você está operando no nordeste de Ohio e quer entrar em Pittsburgh, mas não tem operações na Pensilvânia? Esta seria uma lacuna geográfica.

A beleza da Estratégia do Oceano Azul é que ela fornece um trampolim para preencher essas lacunas. É claro, boas ideias podem surgir a qualquer momento, com ou sem uma estratégia formal. Entretanto, quando você usa o planejamento estratégico com um olhar voltado para a potencial prosperidade que uma crise pode proporcionar, isso é algo especialmente poderoso.

Uma recessão pode amplificar o impacto do planejamento estratégico e **colocá-lo à frente dos concorrentes**. Há muitas oportunidades. As recessões são um momento maravilhoso para estocar bens, pessoas e equipamentos a baixo custo.

JONATHAN: COMO EU CONSEGUI EQUIPAMENTO A BAIXO CUSTO

Assim como narrado na Introdução, fui arrasado na recessão e tive que pedir emprestado 250 mil dólares à minha sogra para evitar que meu negócio de fitness falisse. No entanto, houve um pouco de luz durante esses dias sombrios: tive uma relação muito boa com o banco — CIT —, que fez empréstimos da SBA para muitos dos franqueados da rede Fitness Together.

Um dia, do nada, durante o auge da Grande Recessão, o banco ligou para me dizer que uma das outras franquias estava saindo dos negócios — e ofereceu-se para me vender seu equipamento. A conversa correu mais ou menos assim: "Sr. Slain, há uma

Fitness Together em Nova York que está saindo do mercado. Somos detentores do empréstimo, e eles não cumpriram a parte deles. Queremos saber se você estaria interessado no leilão dos equipamentos."

Anteriormente, ao comprar este mesmo equipamento, novíssimo, para uma de minhas locações, eu tinha pago mais de cinquenta mil dólares. Durante a recessão, contudo, é óbvio que eu não tinha esse dinheiro sobrando por aí. Mesmo assim, eu poderia conseguir *algum* dinheiro. Então eu disse ao banco que lhes daria dois mil dólares por tudo e buscaria o equipamento. Eu esperava um rápido "não" em resposta à minha baixa oferta. O banco me ligou uma hora depois e disse: "Certo, vamos lá. Você pode enviar o cheque agora?"

Foi um bom dia.

Depois de pegar o equipamento e levá-lo para Cleveland, vendemos o lote inteiro por vinte mil dólares, o que nos ajudou a fazer os pagamentos naquela semana. Isso demonstra o quão próximos estávamos do limite.

Lembre-se: eu ainda estava sendo esmagado pela recessão. Eu não tinha um plano. Mas uma coisa que eu tinha a meu favor eram meus relacionamentos — e, nesse cenário, fui capaz de usar um forte relacionamento para ter acesso a uma oportunidade que não existiria de outra forma. Ter desenvolvido um bom relacionamento com o banco foi o que o levou a me ligar para oferecer aquela chance.

E embora eu só tenha pago ao banco dois mil dólares, foi bom para eles também. Uma vitória para ambos. Quando um banco anula um empréstimo, eles tentam se livrar rapidamente dos bens anexados ao acordo. Esses são os tipos de oportunidades dos quais devemos tirar proveito durante uma recessão. Quando os bancos ficam ansiosos para se livrar de alguns bens — ativos que eles querem apenas tirar de seus registros —, é a hora de conseguir alguns bons negócios. **Tudo é mais barato em uma recessão.** Talento é mais barato. O concorrente que você deseja adquirir também é mais barato. Mas para barganhar empresas em uma recessão, pense quais serão os setores que provavelmente crescerão, e não diminuirão. Sua aquisição terá muito mais chances de sucesso se tiver um vento soprando a favor devido à recessão. E você tem que garantir que sua base de clientes seja adequadamente diversificada, para que seu negócio não fique fora de proporção por muito tempo após uma aquisição, caso alguns de seus clientes saiam inesperadamente em função da crise.

AVALIAÇÃO DE PREPARO PARA RECESSÃO: PERGUNTA Nº 18

A base de clientes da sua empresa é diversificada?

A diversificação de seus negócios é a principal forma de combater uma recessão, e, se marcar VERDE na pergunta nº 18, significa que sua empresa está bem diversificada. Este certamente foi o caso de Paul na Roth. Eles se concentravam em varejistas nacionais, mas também diversificavam e fechavam negócio com contas menores. Alguns de seus varejistas eram propensos à recessão, enquanto outros se saíam melhor em recessão ("contracíclicos"). O ponto é que nenhum de seus clientes correspondia a mais de dez por cento da receita. Além disso, eles representavam mais de cem milhões de dólares em tamanho, o que por si só já indica que eram bem diversificados.

Se você marcou verde nesta pergunta e tem uma grande diversidade de clientes, continue a fazer o que está fazendo e concentre-se no mercado final e na diversidade geográfica para continuar a diminuir o perfil de risco de sua empresa.

Se você *não tiver* uma estratégia intencional para reduzir seu foco em um cliente e aumentar sua diversificação, marque AMARELO na pergunta nº 18. Investigue seus negócios e veja se há algum cliente que oferece risco. Percorra sua carteira de clientes para entender como será seu desempenho em uma recessão, e depois seja proativo na diversificação.

Se descobrir uma séria concentração em clientes específicos em seu negócio, mude sua pontuação para VERMELHO. A menos que você faça mudanças e comece a buscar novos clientes, seus negócios estarão em sério risco. Aja para melhorar sua situação a fim de que nenhum cliente represente mais do que dez a vinte por cento de sua receita.

AVALIAÇÃO DE PREPARO PARA RECESSÃO: PERGUNTA Nº 19

A receita da sua empresa é diversificada? Você atende a setores do mercado que são contracíclicos ou que não são afetados por recessões?

Também é importante ser diversificado em termos de mercados finais e geografia se você espera que seu negócio continue a crescer. Se seu negócio é forte nesses quesitos, marque VERDE na pergunta nº 19.

Não basta ser diversificado geograficamente. Se você não vem diversificando os produtos e serviços que oferece, marque AMARELO. É necessário diversificar todas as áreas do negócio. Você precisa de uma estratégia intencional para administrar seus mercados, reconhecer quais mercados estão crescendo, quais estão estáveis, quais estão em decadência — e então agir.

A forte diversificação nos mercados finais reduz seu perfil de risco.

Faça uma revisão estratégica de quem são seus principais clientes e como eles se comportarão em uma recessão. Alguma vez você já olhou para seus vinte principais clientes e fez um mapa de calor (uma representação gráfica) de onde eles estão geograficamente? É essencial entender qual é a situação geográfica dos mercados em relação às frações percentuais de sua receita total. Se você tem uma grande concentração de clientes no Sul, por exemplo, e sabe que aquela área do país tem pouca probabilidade de crescer ou mesmo de permanecer estável em uma recessão, você precisa considerar como pode pivotar antes que seja tarde demais.

Aja agora. Se sua situação for VERMELHO na pergunta nº 19 e você não tiver nenhuma estratégia de diversificação de mercado final ou geográfica, seu negócio estará seriamente em risco até que você analise seu mercado ou segmento geográfico e faça as mudanças apropriadas.

Continue lendo para mais sugestões táticas sobre como encontrar melhores mercados finais aos quais atender em uma recessão.

QUAIS MERCADOS/INDÚSTRIAS FINAIS VOCÊ PODERIA ATENDER?

Se olharmos para trás, para a Grande Recessão de 2008-2009, podemos observar que certas indústrias foram atingidas: fabricação, finanças e seguros, viagens e turismo, e certos segmentos da construção civil. A venda de carros novos despencou. As matrículas de universidades privadas diminuíram bastante. Cassinos, hotéis e motéis, joalherias — todos esses negócios sofreram um grande impacto.

DURANTE A GRANDE RECESSÃO

Indústrias que cresceram ou se mantiveram estáveis	Indústrias que foram massacradas
Faculdades comunitárias	Certos segmentos da construção
Mercearias	Joalherias
Saúde e assistência social	Vendas de carros novos
Armas e munição	Universidades privadas
Informação	Viagem e turismo
Aluguel de armazéns	Manufatureiras
Serviços veterinários	Finanças e seguros
Instalações correcionais	Cassinos
Serviços de remediação/limpeza ambiental	Hotéis e motéis

Houve outras áreas, como a da saúde, que *cresceram* durante a Grande Recessão ou, pelo menos, se mantiveram estáveis. Os números das faculdades comunitárias[11] subiram. As mercearias foram bem nesse período. Armas e munições, serviços veterinários, instalações correcionais, alojamentos, armazenagem, remediação e serviços de limpeza ambientais — todos esses saíram vencedores da recessão.

---

11 As chamadas *community college* nos Estados Unidos são instituições que oferecem cursos de educação superior de duração reduzida, que não equivalem a um curso de graduação comum, mas que abrem portas no mercado de trabalho. Não confundir com o conceito de universidade pública existente no Brasil. [N.E.]

Você pode posicionar sua organização de modo a viabilizar o crescimento dela na próxima recessão, com base na pesquisa de mercados e indústrias finais que crescerão ou serão estáveis no futuro.

Onde você pode encontrar esse tipo de informação? Não é difícil. Os segredos estão por aí, mas nem sempre são de graça. Na verdade, aqui vai uma dica profissional: compre uma assinatura para o banco de dados IBISWorld, que lhe dará acesso a centenas de diferentes relatórios da indústria. Empresas de pesquisa, como a própria IBISWorld, também lançam newsletters com informações sobre quais setores estão aquecidos no momento e quais estão com um mau desempenho previsto. Falando sério, é como ter a resposta para um teste antes de realizá-lo!

Indústria	Crescimento em receita (2019-2020)
Energia solar nos EUA	28,4%
Energia eólica nos EUA	27,5%
Serviços de fraturamento hidráulico	26,7%
Fabricação autônoma de veículos subaquáticos	24,4%
Perfuração de petróleo e extração de gás nos EUA	23,5%
Cultivo de maconha medicinal e recreacional	22,3%
Lojas de maconha para fins medicinais e recreativos	19,8%
Franquias de massagem	18,0%
Processamento de gás natural líquido	17,8%
Fabricação de impressoras 3D	17,5%
Plataformas de empréstimo P2P	15,9%
Sites de redes sociais	14,5%
Fabricação de veículos autoguiados	13,9%
Publicação e transmissão através da internet nos EUA	13,8%

Software de gerenciamento de serviço de campo	13,5%
Venda online de brinquedos infantis	12,8%
Desenvolvimento de jogos em redes sociais	12,8%
Seguro cibernético	12,2%
Construção de navios nos EUA	12,1%
Instalação de painel solar	12,1%
Mineração nos EUA	12,0%
Sistemas e serviços de agricultura de precisão	11,5%
Produção de bebidas relaxantes[1]	11,5%
Mecanismos de pesquisa nos EUA	11,2%
Operador de rede de fibra óptica escura	11,1%
Vendas online de roupas masculinas	10,9%
Serviços de cimentação para poços de petróleo e gás	10,9%
Serviços de aluguel de apartamentos online	10,8%
Franquias de residência para idosos	10,4%
Desenvolvedores de software de detecção de fraude	10,4%
Fabricação de veículos blindados	10,1%
Serviços de telessaúde	9,9%
Serviços de hospedagem na internet (Internet hosting)	9,7%
Vendas online de pequenos aparelhos elétricos	9,6%
Comércio eletrônico e leilão online nos EUA	9,6%
Provedores de serviços de internet sem fio	9,3%
Franquias de frango fast-food	9,1%

Fonte: IBISworld.com

12 Populares no exterior, tratam-se de bebidas não alcóolicas enlatadas ou engarrafadas com ingredientes calmantes. [N.E.]

De acordo com um relatório recente do IBISWorld, todos os seguintes setores têm previsão de crescimento: "produção de tortilhas, vinícolas, fabricação de vitaminas e suplementos, desenvolvimento de software, VoIP, consultoria em TI, videogames, cultivo de maconha e hospedagem para varejistas online." Alguns desses podem ser fora do convencional, mas se houver uma oportunidade de iniciar um relacionamento com uma empresa de um desses campos, por que não?

Se, por exemplo, você vende seus serviços a clientes que são principalmente do varejo de alto padrão (que terá tempos difíceis em uma recessão), é possível diversificar e vender seus serviços (se apropriado) para fábricas de tortilhas, clínicas veterinárias e hospitais — tudo isso continuará estável ou crescerá em uma recessão, se o histórico do passado servir como indicador de desempenho futuro.

Além disso, vemos na pesquisa do IBISWorld que a saúde tende a ser à prova de recessão, pelo menos os serviços "necessários" oferecidos por hospitais, ambulâncias e laboratórios de diagnóstico (ao contrário de serviços como medicina esportiva e cuidados de saúde domiciliar). Aprendemos que os bens não duráveis — tais como alimentos, combustível, material de limpeza, produtos de papel e roupas — saem-se melhor do que os duráveis, como automóveis, móveis, eletrônicos de consumo e eletrodomésticos: "Os bens duráveis foram esmagados durante a Grande Recessão, enquanto tubos de pasta de dente e frascos de desodorante voavam das prateleiras."

Finalmente, há oportunidades a serem aproveitadas em setores contracíclicos, como seguros, alimentos, reforma e manutenção de casas e bebidas alcoólicas. "Durante períodos de recessão", diz a pesquisa, "os consumidores continuam tendo despesas com produtos necessários de qualquer forma, tais como alimentos e serviços de saúde".

As respostas estão lá fora, basta olhar. Você precisa ler sobre o assunto, e então elaborar um plano **para aproveitar as oportunidades descobertas.**

> Se você quiser ser atropelado pelo ônibus da sorte nos negócios, tem que estar parado no meio da rua!

E se você souber que determinado setor caiu dezessete por cento na última recessão e por acaso estiver superexposto a ele em seu próprio negócio, talvez seja bom interpretar isso como um sinal de alerta — e começar a tomar medidas para diversificar e sair dessa área!

É muito importante diversificar seus mercados finais e limitar sua exposição a qualquer setor. As pessoas cometem este erro o tempo todo. Elas pensam que, por exemplo, como a última recessão envolveu a bolha imobiliária, elas ficarão bem, desde que não estejam vulneráveis aos efeitos de uma crise similar. Mas esse não é o caso. **Nem todas as recessões ocorrem da mesma forma.**

> Diversifique sua receita para ter certeza de que você terá estabilidade durante as recessões, assim como uma plataforma de crescimento.

Ou "você está crescendo, ou está morrendo", diz Betsy Mack Nespeca, presidente da empresa de concreto pré-fabricado Mack Industries. O crescimento pode não acontecer imediatamente, mas você tem que estar em um caminho de crescimento ou aceleração. Durante a última crise, embora a empresa de Betsy na verdade tenha encolhido em alguns dos mercados em que atuou, em última análise, ela cresceu como um todo, graças a todas as novas áreas de negócio que ela perseguia.

"Tivemos que ser muito ágeis e tentar coisas novas", diz Betsy. Antes da recessão, a maioria de seus negócios era em habitações e subdivisões. A empresa atendia a vários segmentos da indústria: rodoviárias, municipais, federais, comercial. Todos foram gravemente impactados pelo declínio residencial e estavam efetivamente mortos. Havia pouca movimentação. Assim, para sobreviver, a Mack Industries tinha que substituir essas partes de seus negócios por outra coisa. Eles se concentraram, então, em projetos com *financiamento*. Por exemplo, eles entraram em vários grandes projetos para a Veterans Affairs, que eles sabiam que era financiada pelo governo federal. Em última análise, esta estratégia — entre várias outras que podem ser utilizadas para ampliar sua diversidade — permitiu-lhes não só sobreviver à recessão, mas voltar maiores e melhores.

COMO SER AQUELE QUE SACODE O STATUS, NÃO O SACUDIDO PELAS CIRCUNSTÂNCIAS

Às vezes, a diversificação dos mercados finais não é suficiente para levá-lo a um oceano azul. Quando você está tentando pensar fora da caixa e faz seu planejamento estratégico Oceano Azul, parte do que você precisa pensar é sobre como a tecnologia vai ser disruptiva para a sua indústria — como isso se dará e como sua empresa pode estar preparada. Abraçar novas tecnologias pode ser seu bote salva-vidas para fugir do oceano vermelho.

Há sinais em todos os lugares. Novamente, basta olhar. Durante uma viagem a Tóquio, por exemplo, Jonathan tirou a seguinte imagem de uma máquina de venda automática de ramen que está mudando a forma como todos no Japão encomendam macarrão!

Jonathan com máquina de venda automática de ramen em Tóquio/Jonathan Slain

Segue outro exemplo. Que tal o primeiro caminhão de pizza autodirigível? Assim que você fizer o pedido, ele começa a se dirigir até sua casa e prepara a pizza no caminho. Ele prepara a massa, coloca as coberturas na pizza usando um braço robótico e entrega a pizza pronta, direto em sua porta. A pizza não poderia ser mais fresca se tivesse saído de seu próprio forno.

Para ser claro, não estamos dizendo que sua empresa precisa ser a primeira com uma ideia como um caminhão de pizza autodirígivel. Você apenas precisa estar ligado na inovação antes que o resto de sua indústria mude e sua empresa esteja fazendo algo de forma desatualizada e ineficiente. A Estratégia de Oceano Azul não significa que você deva ficar completamente sozinho onde *ninguém* mais está nadando (embora, se possível, este seja um lugar muito lucrativo para se estar). Significa apenas ir para uma área do oceano menos lotada, em vez de ficar boiando na onda vermelha sangrenta onde todos estão lutando freneticamente pela mesma pequena parte do negócio. Dito de outra forma, você não tem que criar a onda, mas tem que querer estar na crista da onda — esteja à frente dos avanços da tecnologia.

Jonathan (e sua esposa Katherine) mergulhando com tubarões/Jonathan Slain

A maioria das empresas está nadando com os outros tubarões. Elas estão brigando por uma posição em um trânsito congestionado. Você quer se afastar do resto, e não ficar preso como os demais.

Na indústria da construção civil, por exemplo, as pessoas tendem a ficar muito atrás da curva tecnológica. Como um grupo, empreiteiros não acham que têm que mudar a maneira como trabalham. Todos ainda estão meio que esperando no limbo para ver o que acontece. Mas a realidade é que há todo tipo de inovação empolgante acontecendo na construção neste momento, como a impressão 3D de robôs que assentam tijolos (também conhecidos como SAM, *Semi-Automated Mason*).

Novas tecnologias são como pasta de dente espremida para fora do tubo — não tem como colocar de volta. Entre na roda antes que seja tarde demais.

Pense em como você pode pisar no acelerador durante uma recessão e criar um plano de ação a ser ativado assim que a crise se tornar iminente. Aprender a enfrentar a recessão não se trata apenas de como você sobrevive à próxima crise. É sobre as enormes oportunidades que uma recessão cria. É sobre o potencial para acelerar e alcançar o tipo de crescimento exponencial com o qual você sempre sonhou.

PAUL: COMO EU USEI O MODELO DE QUATRO AÇÕES

Ao tentar descobrir como conseguir esse tipo de crescimento exponencial, minha equipe na Roth usou um excelente exercício do livro *A Estratégia do Oceano Azul* para nos orientar. Nós aplicamos algo chamado "Modelo de Quatro Ações" para nos ajudar a determinar o melhor plano de ataque.

O **Modelo de Quatro Ações** também é mencionado algumas vezes como Grade ERRC, que significa Eliminar, Reduzir, Elevar e Criar (*Eliminate, Reduce, Raise and Create*). Em primeiro lugar, reflita: quais fatores em sua indústria devem ser *eliminados* do negócio? Em seguida: quais fatores devem ser *reduzidos* (bem abaixo da prática atual da indústria) e quais devem ser *elevados* (bem acima da prática atual da indústria)? Por fim, quais produtos ou serviços que sua indústria nunca ofereceu devem ser *criados*?

O objetivo de todo esse trabalho de planejamento é agregar novo valor ao seu negócio e orientar seu planejamento estratégico.

> O Modelo de Quatro Ações orienta seu plano estratégico, forçando você e sua equipe a confirmar suas práticas atuais e a identificar novas práticas que agreguem valor.

No final das contas, a Grade ERRC e a Estratégia do Oceano Azul, em geral, não são muito diferentes de uma análise SWOT clássica. As empresas há muito usam esse modelo — de analisar pontos fortes, pontos fracos, oportunidades e ameaças (*Strenghts, Weaknesses, Opportunities and Threats*) — como meio de determinar o melhor plano estratégico.

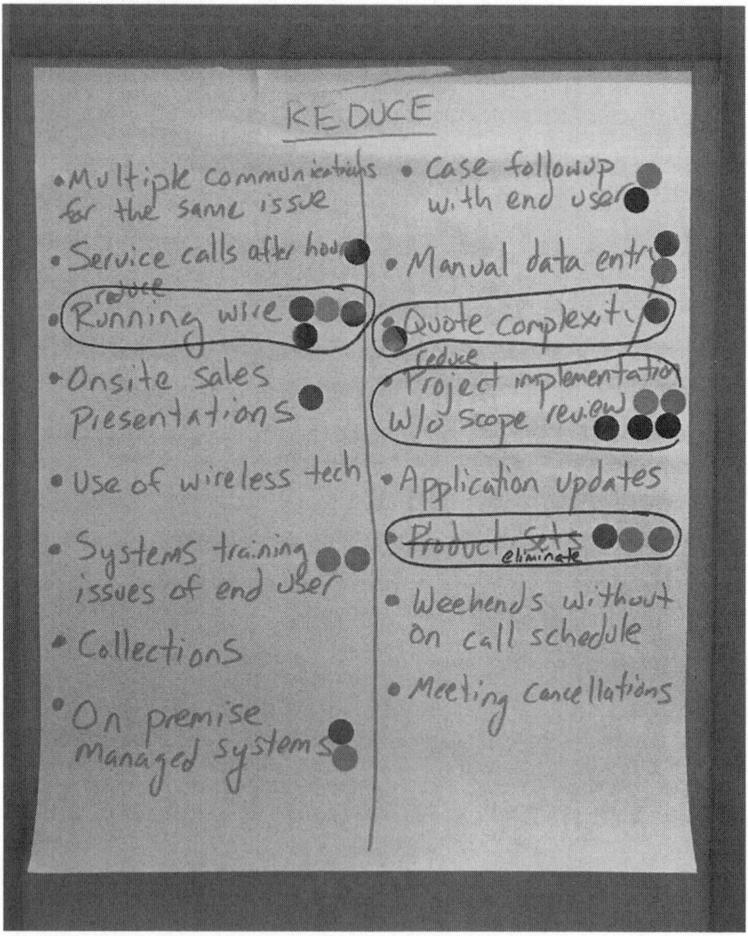

Planejamento Oceano Azul com um cliente de Jonathan — Integrated Precision Systems / Jonathan Slain

O que eu gosto na Estratégia do Oceano Azul, e Jonathan também, é que ela é mais ativa do que a análise SWOT. São coisas que você pode fazer imediatamente. Você pode aplicar suas respostas ao próprio negócio e começar a eliminar, reduzir, elevar e criar imediatamente. O modelo é ótimo porque dá autonomia à sua equipe para jogar ideias contra a parede e ver quais delas colam.

Temos visto avanços quando as empresas fazem este exercício da Grade ERRC. Por exemplo, a IPS é líder em sistemas de segurança no âmbito empresarial. Quando eles passaram por esse processo, tendo Jonathan como facilitador, o time de liderança concluiu que uma área interessante para implementar redução de custos poderia ser a de cabeamento. O trabalho de cabear era de baixo valor e podia ser terceirizado. Além disso, os clientes da IPS não se importam com quem realmente realiza esse trabalho (na verdade, os clientes provavelmente preferem que a IPS se concentre na propriedade intelectual do projeto geral do sistema de segurança, e não na parte manual de cabeamento).

O ponto é: fazendo o exercício ERRC — e pensando no que eles poderiam eliminar, reduzir, elevar e criar —, a IPS tomou consciência de uma excelente oportunidade para eliminar ou reduzir maciçamente o tempo que eles passavam cabeando. Agora, a empresa está tomando medidas para terceirizar as partes mais manuais de seu trabalho para poder se concentrar em oportunidades de crescimento futuras, como mover mais de suas operações (e as operações de seus clientes) para a nuvem.

O que você eliminaria, reduziria, elevaria e criaria em seu negócio?

AGINDO

Tendo chegado ao final deste capítulo, o que queremos que você faça aqui é realizar o exercício da *Estratégia do Oceano Azul* de eliminar, reduzir, elevar e criar com seu time de liderança. Então, dê um passo adiante e faça esse exercício em toda a sua empresa, incluindo os setores de trabalho de campo (ou linha de frente). Em nossa experiência, os funcionários mais próximos dos clientes muitas vezes têm as melhores ideias. Após este exercício, você provavelmente vai se pegar perguntando aos seus funcionários por que eles nunca compartilharam suas ideias brilhantes sobre o que eliminar ou criar. E eles provavelmente lhe dirão: "Porque você nunca perguntou!"

CAPÍTULO CINCO

O FREIO DE EMERGÊNCIA

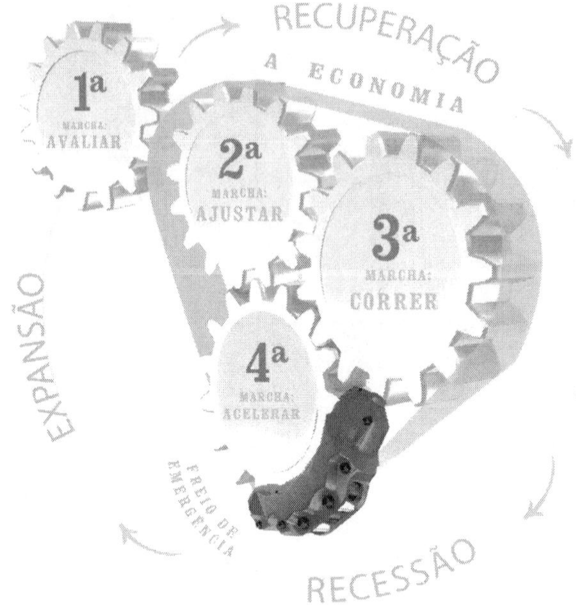

Instruções para o uso da Caixa de Câmbio da Recessão:

- 1ª Marcha (Avaliar): sempre comece com a 1ª Marcha
- Em seguida, engate a 2ª Marcha (Ajustar), 3ª Marcha (Correr) e/ou 4ª Marcha (Acelerar), dependendo de como estará "A Economia"
    - Se A Economia estiver nos estágios de Expansão ou Recuperação do ciclo, engate a 2ª Marcha, então a 3ª Marcha e, a seguir, a 4ª Marcha
    - Se A Economia estiver em Recuperação ou Contração, engate a 3ª Marcha e, então, a 4ª Marcha
    - Se A Economia estiver em Contração ou Recessão, engate a 4ª Marcha imediatamente, se possível

Use o Freio de Emergência em qualquer ponto, caso necessário.

Acima de tudo, use seu julgamento para determinar qual Marcha usar de acordo com as circunstâncias dentro da sua empresa e fora, na Economia.

Estamos quase no final do livro. Você está pronto para abalar a recessão?

Não tão rápido. Neste ponto, você está *quase* lá: sua grande estratégia a ser implementada durante qualquer período de crise está delineada. No entanto, a estratégia requer habilidade em implementação. Você precisará se adaptar conforme necessário com base nas condições da estrada. E se seu plano passar por cima de um buraco? E se você estiver em uma recessão e tentar correr na Terceira Marcha, mas não funcionar? Pode ser necessário puxar o **Freio de Emergência** para salvar seu negócio. Se isso acontecer, é preferível fazê-lo sem que haja uma batida.

Puxar o Freio de Emergência no Modelo de Caixa de Câmbio da Recessão significa cortar despesas gerais conforme necessário para se manter rentável ou, pelo menos, não perder dinheiro. Como discutido no Capítulo Um, seu plano de recessão incluirá uma seção de Freio de Emergência com diferentes **níveis**. A ideia é que se você atingir esses limites, eles serão gatilhos para puxar seu Freio de Emergência, mudar seu Modelo de Negócio e **reduzir as despesas.**

Novamente, os níveis permitem que você estabeleça seu plano com antecedência e de forma analítica, para que você não fique paralisado e tome decisões emocionais. Evite rastejar pelas fases paralisantes do luto, tal como Jonathan fez quando seu negócio desmoronou durante a recessão.

JONATHAN: MINHAS SETE FASES DO LUTO

Foi o curso natural das coisas passar pelas conhecidas fases emocionais do luto durante a Grande Recessão. Quando a recessão estava acontecendo, essas emoções obscureceram meu julgamento. Há sete fases do luto (um modelo de Kübler-Ross modificado), e, se tratando de tempos econômicos difíceis — incluindo a perda de empregos e reduções de salários —, posso atestar sua validade:

Modelo das Fases do Luto

Mais uma vez, passar por essas fases em uma crise é completamente normal e até saudável. Baseado em minha experiência, posso afirmar que leva tempo e que você não pode pular nenhuma das fases: para chegar aos estágios finais de testagem e aceitação, você deve processar todas as informações e emoções dos cinco primeiros passos. Confie em mim, é melhor praticar com sua diretoria com antecedência do que durante um período de crise.

Outro motivo para completar esta última etapa de seu planejamento de recessão: ter níveis em ordem o ajuda a agir rapidamente, o que é muito importante em uma recessão.

Imagine que seu negócio esteja perdendo cem mil dólares por mês e você está a quatro meses de ficar sem dinheiro. Se não agir rapidamente, se desperdiçar duas semanas se sentindo assustado, você estará cinquenta mil dólares mais perto da falência.

Experimentos das ciências sociais mostram que as pessoas tomam decisões terríveis quando estão sob estresse. Além disso, os seres humanos têm um "viés de recência", o que significa que damos maior credibilidade às informações mais recentes que ouvimos do que às informações que já temos há algum tempo, mesmo que não sejam mais críveis.

Os níveis de recessão ajudam a protegê-lo de seus preconceitos inatos. Em vez de tomar decisões ruins e emocionais ao perceber as coisas se acumulando ao seu redor — seu celular não para de tocar, você está recebendo e-mails irritados de seu banco e da empresa responsável por sua folha de pagamento, funcionários assustados estão parados em frente à sua porta —, você poderá fazer escolhas racionais e inteligentes, pensadas com bastante antecedência.

Seres humanos são imperfeitos. Simples assim. E é por isso que é tão importante ter um plano nivelado de Freio de Emergência. Ainda não acredita em nós? Considere o seguinte: você sabia que os CEOs próximos da aposentadoria gastam menos durante as recessões que os CEOs com perspectivas de carreira mais longas? De acordo com pesquisas acadêmicas, quando um CEO ainda tem uma longa carreira pela frente, é provável que a empresa saia melhor de uma recessão porque ele está disposto a fazer investimentos difíceis, mas necessários.

Pense nisso por um momento. Temos em mente que os CEOs tomam as melhores decisões, ou pelo menos as decisões que eles acreditam ser as melhores para a organização. No entanto, este único fator aleatório — o quão próximo o CEO está de se aposentar — tem um grande impacto em seu comportamento e em seus gastos em uma recessão.

Você realmente quer que sua carreira e o futuro de sua empresa se baseiem em algo tão trivial quanto quão perto um CEO está da aposentadoria? Claro que não, e por isso que é ainda mais importante chegar a um plano racional, trabalhando em equipe, à luz fria e racional do dia — para que você possa minimizar o efeito disruptivo que acompanha cada recessão.

AVALIAÇÃO DE PREPARO PARA RECESSÃO: PERGUNTA Nº 20

O time de liderança da sua empresa tem uma maneira de medir os primeiros sinais de alerta de que sua empresa pode estar indo na direção errada?

Se sua empresa tem um plano com métricas para adverti-lo de uma próxima recessão em seus negócios, então marque VERDE na pergunta nº 20. Por exemplo, se você tiver escrito e concordado que, se sua receita cair vinte por cento (vinte por cento é apenas um exemplo), você fará cortes específicos nas despesas gerais (e esses cortes já estão delineados por escrito), então, seu status aqui é verde.

Se você tem um plano, mas ele não está totalmente organizado por escrito, marque AMARELO. O próximo passo é continuar lendo este livro e colocar seu plano no papel de forma mais detalhada.

Finalmente, se você estiver dirigindo com o teto recolhido, completamente exposto, sem saber se vai ocorrer um temporal, marque VERMELHO. Encoste o carro! Comece reunindo sua equipe para discutir as questões apresentadas nas próximas páginas relacionadas a como definir os níveis do seu plano de recessão.

SOBREVIVÊNCIA: PROTEJA A GALINHA DOS OVOS DE OURO

Quando você está em uma situação em que a recessão é uma realidade, não há oportunidade de crescer através dela e a única opção é puxar o Freio de Emergência, você simplesmente não vai ser capaz de sobreviver sem muita dor — a menos que já tenha um plano escrito em detalhes com os níveis definidos. **Você deve proteger a Galinha dos Ovos de Ouro a todo custo** (o negócio é a Galinha dos Ovos de Ouro e/ou **você** é a Galinha dos Ovos de Ouro).

Isso é verdade, quer a recessão seja externa ou interna. Por exemplo, temos como cliente uma empresa com valor estimado entre cinco e seis milhões de dólares e que existe há muito tempo — uma empresa familiar de terceira geração. Eles não tinham um plano de recessão, não estabeleceram níveis, e, então, o impensável aconteceu: perderam seu principal cliente, o Walmart. Este é um exemplo perfeito de uma recessão interna. Não teve nada a ver com a economia em geral. Foi simplesmente uma questão de o Walmart decidir consolidar sua base de fornecedores — e, infelizmente para nosso cliente, ele não foi um dos eleitos.

Em questão de um dia, eles se viram afundados em uma recessão, uma vez que o Walmart era um cliente muito importante. Eles perderam mais de vinte por cento de seu volume e, nos anos seguintes, perderam cerca de um milhão de dólares. Desde então, eles têm tentado voltar ao ponto de partida, mas ainda estão lutando. Imagine a pressão: seu negócio tem pertencido à sua família por gerações, e agora você potencialmente será aquele que perderá a empresa fundada por seus avós.

Parece terrível, certo? Contraste isso com o exemplo da empresa de Don Greenland, sobre a qual falamos no Capítulo Um. Como você deve se lembrar, ele e sua liderança, a pedido da diretoria da empresa, desenvolveram seu próprio plano de recessão antes da Grande Recessão. Embora seus níveis e gatilhos tenham sido ligeiramente diferentes do que recomendamos, eles foram muito bem pensados. Algumas das etapas foram acionadas em toda a empresa, enquanto outras foram acionadas de acordo com a divisão ou comitê executivo. O mais impressionante é que ele e a empresa continuam a atualizar o plano escalonado de forma regular. Eles o atualizaram antes da última recessão, em meio à recessão e no pós-recessão. Até hoje, eles revisam o plano regularmente.

Ou considere John, o rei dos outdoors que Jonathan conheceu no avião. Mais uma vez, embora John não tenha um plano de recessão escalonado da forma que recomendamos, ele inerentemente compreende o conceito de Freio de Emergência. Ele presta muita atenção ao seu faturamento e procura por altos e baixos. Tendo estado no negócio por quarenta anos e passado por três recessões, ele sabe o que tem que ser feito proativamente quando certos padrões começam a surgir em seus faturamentos. Ele não espera até que seja tarde demais. Ele se senta regularmente com seu pessoal de vendas e olha com atenção para os números — quantos pedidos e renovações estão recebendo —, e está pronto para puxar o freio caso isso seja necessário para evitar um acidente.

Em resumo, antes da Grande Recessão, Paul tinha um plano. John dos outdoors tinha um plano. A equipe de Don Greenland tinha um plano. Todos tinham seus níveis de Freio de Emergência organizados e sabiam o que tinham que fazer, se alguma vez alcançassem os limites dos números.

O negócio de fitness de Jonathan, o negócio de paisagismo de Sebastian e a empresa que perdeu o Walmart como cliente não tinham um Freio de Emergência planejado, e por isso colidiram contra a parede.

> O medo e a incerteza podem paralisar você e sua empresa em uma crise e custar muito dinheiro; é por isso que você precisa de um plano para quando precisar puxar o Freio de Emergência.

Aprenda a reconhecer os gatilhos para o acionar o Freio de Emergência no momento certo. Mantenha seus níveis organizados. Certifique-se de que tudo está predeterminado e de que pode ser executado quase automaticamente.

Seu plano também precisa levar em conta o fato de que nem todas as recessões se formam da mesma maneira ou têm a mesma profundidade — e é aí que os diferentes níveis se tornam verdadeiramente valiosos.

Algumas recessões podem levá-lo para o Nível Um ou para o Nível Dois (redução de despesas gerais), enquanto outras vão imediatamente levá-lo ao Nível Três ou ao Nível Quatro (demissões em massa e cortes salariais). Algumas vão lhe dar oportunidades suaves de atacar, e outras — especialmente se houver dinheiro, não houver dívidas e a situação financeira for boa — possibilitarão a você a obtenção de uma grande quantidade de ativos!

COMO DEFINIR SEUS NÍVEIS

Nas páginas seguintes, explicamos exatamente o que precisa acontecer nos Níveis Um, Dois, Três e Quatro de seu planejamento de Freio de Emergência. Primeiro, você precisa descobrir como reconhecer os problemas que se aproximam. É diferente para cada organização, por isso, você precisa de seu próprio Painel personalizado, completo, com luzes de advertência, para que você seja capaz de identificar uma recessão à frente.

Por que as luzes de alerta em seu Painel serão diferentes das de outras organizações? Cada empresa tem sua própria versão do "canário na mina de carvão". Se você não estiver familiarizado com essa expressão, ela vem da época em que os mineiros literalmente levavam um canário para dentro das minas. Eles sabiam que, se a ave tombasse do poleiro, era sinal de que o lugar tinha muito monóxido de carbono e de que era mais prudente sair do local.

Como isso se aplica a recessões? Veja, por exemplo, nosso amigo Mike Lancaster, que na verdade foi o primeiro a usar a ideia do canário neste contexto. Ele é um dos proprietários da Frank L. Blum Construction Company. Essa é a "mina" dele, e faz parte de seu trabalho falar com muitos arquitetos. Quando esses arquitetos sinalizam que seu pipeline de trabalho está desacelerando, Mike sabe que os problemas estão provavelmente se aproximando. Os arquitetos são seus canários.

Quem ou o que são seus canários? Quais são as métricas em seu negócio com maior probabilidade de mudar seu comportamento? Naturalmente, há muitas respostas potenciais aqui: receita, lucro, backlog ou pipeline, por exemplo. Mas para a finalidade de seu Painel, menos é mais. Quais são as duas ou três métricas mais críticas? E quais são seus pontos cegos? Quais são as principais métricas em seu negócio que o advertem sobre os problemas futuros — ou que o impedem de recuar diante de um penhasco?

Para lhe dar um exemplo, uma métrica-chave para uma empresa com quem trabalhamos é seu número de consultas de marketing. Antes da Grande Recessão, eles viram uma grande queda no número de consultas de marketing que recebiam online, e então a recessão chegou. Logo, passaram a prestar muita atenção a esse número.

Para descobrir qual é o melhor indicador, fale com sua equipe. Fale com seu contador, seu advogado e seu banqueiro. As respostas explicarão o que você precisa ter à vista em seu Painel e como definir seus níveis.

NÍVEL UM

No Nível Um, seu Painel indicará problemas à frente.

Isso significa que é hora de eliminar todos os pesos mortos acumulados, as despesas gerais desnecessárias em seus negócios. É hora de parar de fazer doações discricionárias. Hora de cancelar suas assinaturas de periódicos do setor (ou deixá-las expirar). Reduza franquias de veículos. Limite as despesas de entretenimento. Suspenda qualquer afiliação com clubes de lazer vinculada ao negócio. Esqueça locais exóticos para retiros de planejamento da empresa. Dobre o uso do espaço em seus escritórios ou subloque metade de seus escritórios.

Como diz CJ Rhoads, agora é a hora de "atacar seu orçamento com um bisturi, e não com um facão".

Lembre-se: essas decisões podem não ser permanentes. Você estará apenas adiando qualquer despesa de capital discricionária. Assim, em vez de substituir seu ar-condicionado, por exemplo, simplesmente faça a manutenção dele. Livre-se de coisas como manutenção terceirizada de jardins ou gramados. Retire seu próprio lixo e corte sua própria grama. Ah, o horror!

Por que é preciso fazer essas coisas? É simples: neste exemplo, sua empresa terá caído de cem por cento de sua receita normal a oitenta por cento, que era o limite para ativar seu plano de Freio de

Emergência Nível Um. Comece a fazer esses cortes, acabando com todas as despesas com luxos e confortos extras em seus negócios.

Mas o mais importante é que, por você ter definido seus níveis com antecedência — tendo trabalhado tudo isso com sua equipe proativamente e conseguido a adesão necessária —, não há necessidade de confusão ou hesitação. Todo mundo sabe que se a receita ou renda cair para o nível especificado, os cortes vão entrar em vigor automaticamente.

Para ser totalmente honesto, esses cortes de Nível Um são os tipos de mudança que você deveria fazer de qualquer maneira, mesmo quando sua empresa está prosperando e pegando fogo em todos os setores. É apenas boa higiene corporativa, e nós apostamos que, não importa o quão bem você esteja indo, sempre é possível aparar alguns excessos. *Especialmente* quando você está indo tão bem.

Você realmente precisa dos bilhetes de avião de primeira classe, da afiliação ao country-club e dos ingressos de camarote para uma partida de futebol?

Certamente, se você alcançou o limite do Nível Um — e sua luz de alerta do Painel está acesa — esta é sua deixa. Você sabe que chegou o momento e sabe o que deve fazer, porque existe um plano sólido de prontidão.

Infelizmente, o que costumamos ver é que, quando as receitas de uma empresa caem — quer a economia esteja em recessão ou não —, os líderes da empresa demoram a responder porque não se prepararam. Talvez o proprietário não queira suspender a afiliação aos clubes, então deixa o corte para o mês seguinte — e depois deixa passar mais um mês, e outro. Eles estão ocupados com o golfe enquanto sua empresa não consegue fazer os pagamentos!

Ter um plano protege você de si mesmo.

E, se realmente não quer perder sua afiliação ao clube ou privilégios de primeira classe, talvez isso o inspire a trabalhar muito mais nesse meio-tempo para que a empresa não tenha que fazer cortes de Nível Um!

NÍVEL DOIS

No Nível Dois, seu Painel está piscando, o que significa que, **a menos que você comece a frear, você vai bater.** É aqui que começa uma rodada mais profunda de cortes de despesas. Se sua empresa está nesta fase, suspenda todas as despesas discricionárias, bem como participação em quaisquer conferências do setor a que você estava planejando comparecer. Na verdade, a esta altura, você já deveria estar revendo todas as despesas, independentemente de ter orçamento para elas ou não.

Um aspecto interessante e contraintuitivo dos cortes de Nível Dois é que, mesmo que despesas com publicidade relacionadas ao branding de sua marca devam ser eliminadas, **você precisa aumentar (ou pelo menos manter) o marketing para os clientes.** Este é um erro muito comum que as empresas cometem: começam a cortar todas as despesas de marketing porque é o que o instinto lhes diz para fazer. Por mais estranho que pareça, pesquisas mostram que seu orçamento de marketing o leva mais longe em uma recessão. Durante um período de crise, a maioria das pessoas corta despesas com marketing, de modo que se torna muito mais fácil pagar certas coisas que talvez você não pudesse antes, como publicidade na TV. Além disso, com menos pessoas investindo em marketing, é possível tomar parte do mercado de seus concorrentes.

Um estudo dos economistas Gary L. Lilien e Raji Srinivasan mostra como as empresas que se saíram melhor durante a recessão de 2001 nos Estados Unidos foram as que viram a crise como uma oportunidade e implementaram uma resposta de marketing para capitalizar a oportunidade. Os autores chamam este comportamento de "produtividade de marketing". De acordo com eles:

> Empresas com vontade (coragem ou cultura), habilidade (conhecimento sobre clientes e marketing e a capacidade de transformar esse conhecimento em estratégia) e caixa (recursos para financiar investimentos em um período de crise) são amplamente recompensadas tanto durante como após a recessão.

Aproveite o fato de que o orçamento de marketing vai mais longe em uma recessão.

Sabemos, por exemplo, que os cassinos foram muito atingidos na última recessão. Sandeep Khera estava trabalhando no grupo de marketing do Caesar's na época. O Caesar's é uma das maiores empresas de jogos de azar e entretenimento. Sandeep nos confirmou que o setor foi arrasado, mas também disse que ele e sua equipe usaram aquele momento para recuar e fazer seus negócios crescerem ao se concentrar na segmentação de seus clientes e na construção de suas mensagens de marketing.

Ouvimos a mesma coisa de Christie Hefner, ex-CEO da Playboy Enterprises. Durante seu mandato no leme da organização, ela foi uma das mulheres CEOs mais longevas em uma empresa de capital aberto. E ela fez um trabalho incrível: não só ela e sua empresa jogavam na ofensiva ao entrar em recessões, mas também gastavam mais — e não menos — em marketing durante as crises.

A questão é que ela entendeu o valor e as oportunidades apresentadas pela recessão. Enquanto outras pessoas deixaram a publicidade e o marketing de lado, ela pensou diferente. Maior. Ela prestou atenção ao que estava em andamento na economia e agiu estrategicamente com base nessa informação. Por exemplo, ela sabia que quando os preços do combustível subiam, as compras em bancas de jornal eram afetadas. As pessoas saiam menos de casa, andavam menos de carro e compravam menos revistas. Ciente de que as vendas em bancas de jornal diminuiriam em uma recessão, ela sabia que tinha que compensar, aumentando o marketing.

Para reiterar: a redução de despesas no Nível Dois é de fato importante, mas não corte apenas por cortar. É sobre fazer cortes inteligentes. Trata-se de cortar gastos tendo em mente um retorno sobre o investimento. Pense nos ciclistas no Tour de France. Os concorrentes mais fortes não aceleram no início da corrida ou nas partes estáveis do percurso, mas sim nas seções mais ásperas, mais difíceis e mais extenuantes. Eles aceleram na subida ou nas etapas frias e chuvosas em que seus concorrentes estão se sentindo com pouca energia, prontos para desistir. É o mesmo com as recessões. Quando os tempos estão mais difíceis é o momento em que você deve acelerar o marketing.

Durante a Grande Depressão, por exemplo, a Procter & Gamble promoveu fortemente algumas de suas marcas mais conhecidas, incluindo Camay, Ivory e Crisco. Na recessão dos anos 1990-1991, a GM fez o mesmo com sua divisão Saturn. Da mesma forma, durante esse tempo, a Intel Corporation lançou a campanha "Intel Inside", aproveitando o fato de que havia pouca competição publicitária. A De Beers fez o mesmo com seu programa "Shadows". Finalmente, na Grande Recessão de 2008-2009, vimos empresas como a BMW investindo fortemente em marketing.

Além do marketing, estudos mostram que os investimentos em P&D feitos durante as recessões aumentam tanto o lucro quanto o retorno das ações. De acordo com dados analisados por Sanjiv S. Dugal e Graham K. Morbey, "resultados — consistentes durante dois períodos recessivos — mostram que a diminuição de vendas é muito menos provável de ocorrer em empresas que investem significativamente em P&D".

Moral da história: seja como os ciclistas e acelere quando todos os outros estiverem sem energia ou conservando energia para uma chegada que eles talvez nunca consigam alcançar.

Não basta cortar despesas por cortar. Faça cortes inteligentes e estratégicos.

Outros cortes de Nível Dois incluem o congelamento das contratações para todas as posições em aberto e o adiamento de qualquer manutenção do edifício. Você também vai querer abraçar iniciativas criativas, como o compartilhamento de empregos, em que dois funcionários de tempo integral compartilham uma posição de funcionário em tempo integral, em vez de uma situação em que uma pessoa fica e a outra precisa ser dispensada. Outra ideia é reduzir os funcionários temporários e dar suporte necessário ao pessoal para equilibrar a nova carga de trabalho.

NÍVEL TRÊS

Chegar ao Nível Três significa que seu Painel está explodindo e que você deve tomar outras medidas para evitar o desastre. No Nível Três, as difíceis "decisões pessoais" têm de ser tomadas. Nossa filosofia aqui, quando se trata de cortar pessoas, é "cortar fundo e cortar de uma vez". Tenha uma lista com todo o pessoal da empresa, todos os funcionários, há quanto tempo eles estão com você, a remuneração total deles (incluindo salários e benefícios) — e então classifique-os como As, Bs, ou Cs (excelentes, medianos e ruins). Mude seu sistema de classificação de "Eu gosto dele/dela" para "Ele/ela tem o talento necessário para atuar nessa posição?"

O sistema de classificação é mais ou menos assim: os funcionários excelentes (A) são críticos. Eles são os que você consideraria absolutamente necessários se tivesse que começar seu negócio do zero. Os funcionários medianos (B) são importantes, mas não críticos. Os funcionários ruins (C) são automaticamente dispensados no Nível Três. No entanto, não se esqueça do que falamos no capítulo sobre a Terceira Marcha. Lembra-se de Nanouk, a cadela que corria rápido o suficiente para acompanhar os demais, mas não para puxar o trenó? Se você tem funcionários ruins — como a Nanouk — em sua equipe, os quais você sabe que precisa dispensar, mas que ainda simplesmente não foi capaz de encontrar a coragem para fazê-lo, **a recessão é uma grande oportunidade para lidar com essas e outras questões que você tem evitado.**

O Nível Três do plano de Freio de Emergência não é divertido, mas não há como contorná-lo. O mais importante é lidar com isso de antemão, não em cima da hora, quando você estiver com as emoções afloradas. Imagine o pior cenário possível: há um funcionário que está na empresa há muito tempo. Ele entra em seu escritório e lhe explica que um de seus filhos está muito doente. Essa é uma conversa difícil para ter em qualquer momento. Mas agora imagine que você já predeterminou que este funcionário não é um de seus melhores colaboradores, e que ele tem que ser dispensado no Nível Três. Será difícil despedi-lo, mas pelo menos você já terá passado pelas fases de luto. Você estará pronto e não vai fugir do que precisa ser feito para proteger a Galinha dos Ovos de Ouro e os meios de subsistência de todos os outros funcionários.

O Nível Três é o momento de dispensar funcionários de meio período. Além disso, encorajamos você a considerar a aceleração das aposentadorias. Faça tudo e qualquer coisa que possa evitar a dor de chegar ao Nível Quatro, porque, embora o Nível Três seja muito difícil, o Nível Quatro irá te fazer chorar.

Agora vamos ao Nível Quatro, ao qual espero que você nunca chegue...

NÍVEL QUATRO

O Nível Quatro é o momento em que seu Painel está piscando sem parar, indicando que a própria existência de sua empresa está ameaçada. Na verdade, sua empresa está agora em uma depressão própria, independentemente do que ocorre com a economia. **A única maneira de continuar essa corrida é fazendo uma parada e uma revisão imediata, ao estilo pit stop, em seu motor!**

No Nível Quatro, todos os funcionários (excelentes e medianos) sofrem cortes salariais. Você simplesmente não consegue pagar a todos o que costuma pagar em tempos normais. O time de liderança sofre vinte por cento de redução salarial; a alta gerência, quinze por cento, e todos os outros, dez por cento. Você mesmo definirá as porcentagens; estamos apenas dando um ponto de partida com esses números exemplificados. Como líderes, vocês devem liderar: corte seu salário primeiro — e faça o corte mais significativo. Quando Jonathan fez um discurso em uma reunião de fabricantes de aço, um proprietário compartilhou que, na última recessão, ele sofreu um corte de cem por cento no salário e todos os seus onze funcionários levaram cinquenta por cento de reduções salariais. (Eles sobreviveram e o negócio está mais forte do que nunca; cada um dos onze funcionários agora tem ações na empresa.)

Mais uma vez, frisamos que nada disso é agradável, e esperamos que você nunca tenha que passar pelo Nível Quatro. No entanto, continua sendo necessário planejá-lo, de modo que seu pessoal possa ter as conversas importantes com seus cônjuges sobre a possibilidade de um grande corte salarial.

Faz toda a diferença quando você assume uma abordagem responsável como esta. Quando um sistema escalonado é criado, você e sua equipe têm a chance de conversar sobre tudo isso, muitas vezes com anos de antecedência. Você pratica regularmente. Seu pessoal faz parte da tomada de decisões e da execução. Isso é o que gera adesão, protege a autoestima e, por fim, cria resiliência.

Acreditamos — firmemente — que sentir a dor de planejar o Nível Quatro o levará a lutar muito para nunca ter de implementá-lo.

Esse é o lado dos funcionários da equação no Nível Quatro. Além disso, todas as melhorias de processo ou reduções de custos também estarão sobre a mesa neste momento. **Você estará vendendo ativos e eliminando divisões menos lucrativas.** Ter um plano escalonado permite que você decida com antecedência o que poderia vender e em que ordem. Em vez de esperar até ficar contra a parede, tome as decisões de uma forma que ainda lhe permita proteger a Galinha dos Ovos de Ouro. Você viverá para lutar mais um dia porque, depois de cada recessão, há uma recuperação.

AGINDO

Tendo chegado ao final deste capítulo, o que queremos que o leitor faça aqui — independentemente de onde esteja no processo — é considerar executar as ações de corte do Nível Um agora, mesmo que não seja necessário.

Por que queremos que você faça isso agora? Por um lado, estes são os cortes mais fáceis de se fazer. Mas a verdadeira razão é que todo negócio tem despesas em excesso, especialmente em períodos de crescimento. Toda empresa precisa rever periodicamente suas despesas e aparar o excesso.

Além disso, ativar o Nível Um é uma boa maneira de começar a ***praticar*** e entender como será colocar seu plano de recessão em prática.

Faça isso agora. Livre-se de dez por cento de suas despesas gerais, e depois coloque esses dez por cento no banco para a próxima recessão. Como você já aprendeu, a recessão é inevitável. Ela pode vir mais cedo ou mais tarde. Não importa quando ela vem, nossa pergunta é a seguinte: não é mais inteligente se livrar de algumas despesas gerais e economizar esse dinheiro agora — e então *atacar*?

CONCLUSÃO

AGORA VÁ E ATAQUE!

JONATHAN: AH, COMO AS COISAS MUDAM

Em 20 de julho de 2018, lembro-me de ter ido ao meu banco. Foi um lindo dia em Chagrin Falls, Ohio. As aves cantavam, o céu estava azul e todos os semáforos estavam verdes enquanto eu me dirigia ao banco.

Esse foi o dia em que coletei um cheque no valor de 58.849 dólares, a quantia exata que eu ainda devia à minha sogra. Fui correndo até a casa dela em Myrtle Beach, Carolina do Sul, e com orgulho estendi a ela o pagamento final da minha dívida, pessoalmente. **Foi nesse momento que entendi como seria importante ajudar os outros a evitar a dor que eu sofri por não ter um plano para recessão.**

> Paul e eu escrevemos este livro porque queremos que você esteja preparado antes de a próxima crise chegar.

PARA ONDE IR A PARTIR DAQUI

Lembre-se: o Modelo de Caixa de Câmbio da Recessão explorado neste livro **não é linear, é cíclico.** Você vai engrenar diferentes marchas, dependendo de onde estivermos no ciclo econômico: recessão, expansão, recuperação e contração.

Aconteça o que acontecer, você terá um pé na competição porque, ao contrário dos demais, você não é complacente. Como você descobriu ao longo destes capítulos, **o que acaba com as pessoas durante uma recessão é a acomodação.** Líderes que pensam que os bons tempos vão continuar para sempre. Eles estão por aí dirigindo sem rumo, sem nenhum plano para obter lucro durante a próxima recessão.

Você é mais esperto do que isso. Seja lá o que acontecer agora na economia ou dentro de sua própria organização, você estará preparado. Você saberá o que fazer, já que tem um plano. É normal ficar trêmulo ao se lançar pela primeira vez nesta jornada de planejamento de recessão — mas agora, assim como o ato de dirigir, isso tornou-se natural e instintivo para você. É apenas uma parte do seu talento para negócios.

Você praticou, refinou — e agora o planejamento para recessão é algo que sempre estará presente com você, sempre por detrás das operações normais, recebendo a mesma importância que as demais partes de seu negócio, como marketing, vendas, estratégia, operações e finanças.

Conhecimento é poder. Esperamos que você se sinta agora *empoderado* para tirar proveito da próxima recessão e, na verdade, aguardar ansiosamente as oportunidades.

Quanto a nós, não podemos esperar.

Agora, saia e abale a recessão!

APÊNDICE A

AVALIAÇÕES DE PREPARO PARA RECESSÃO DE PAUL E JONATHAN

Avaliação de Preparo para Recessão

Disponível em www.recession.com/ready

Nome Paul Belair | Data 2008

Empresa Roth Bros | Posição Dono + Presidente

Nosso objetivo é garantir que você esteja na melhor posição para capturar as oportunidades que uma recessão traz. Um dos primeiros passos em nossa jornada juntos é completar um benchmark de "preparo para recessão" de sua empresa.

O preparo é definido como o estado de estar totalmente pronto. Nossa Avaliação de Preparo para Recessão lhe dará uma resposta quantificada sobre o quanto você está prevenido para a próxima crise. Trata-se de uma análise sistemática da capacidade de desempenho de sua empresa que exclui suposições e emoções, o que lhe permitirá identificar pontos fortes e potenciais desafios para sua empresa na próxima crise.

Uma vez que você tenha essas informações, estará pronto para seguir adiante, sabendo aonde quer ir e orientado por nós sobre como chegar lá.

INSTRUÇÕES:
Por favor, reserve aproximadamente dez minutos ininterruptos para completar a avaliação. Responda aos vinte itens utilizando a seguinte escala:

VERDE: SIM/SEMPRE

AMARELO: TALVEZ/ÀS VEZES

VERMELHO: NÃO/NUNCA

BRANCO: balance esta bandeira se você não entender a pergunta ou não tiver ideia de como respondê-la. Recomendamos que você use esta opção, se aplicável, pois balançar a bandeira branca resultará nas melhores recomendações possíveis para você e sua empresa.

Avaliação de Preparo para Recessão

Disponível em www.recession.com/ready

1ª MARCHA AVALIAR

	SIM/ SEMPRE	TALVEZ/ ÀS VEZES	NÃO NUNCA	NÃO SEI
1. Sua empresa tem um plano de ação por escrito para a próxima recessão ou para um grande impacto na organização (por exemplo, a perda de seu maior cliente)?	✓			
2. O time de liderança da sua empresa entende e acompanha indicadores econômicos básicos (por exemplo, a curva de rendimento e a taxa de desemprego)?	✓			
3. A visão, a missão e os valores de sua empresa estão documentados por escrito e são exemplificados diariamente por meio de comportamentos em todos os níveis da organização?	✓			
4. Sua empresa tem um plano estratégico focado, por escrito e de longo prazo, ao qual você dedica pelo menos um dia a cada trimestre para atualizá-lo?	✓			

2ª MARCHA AJUSTAR

	SIM/ SEMPRE	TALVEZ/ ÀS VEZES	NÃO NUNCA	NÃO SEI
5. O time de liderança da sua empresa conhece a saúde financeira de seus principais clientes e fornecedores?		✓		
6. A margem EBITDA (Lucros antes de Juros, Impostos, Depreciação e Amortização) da sua empresa é a melhor possível dentro da sua área?	✓			
7. Sua empresa tem de cinco a dez por cento de seus próximos doze meses de receita estimada como patrimônio líquido no balanço patrimonial?	✓			
8. O time de liderança da sua empresa se reúne regularmente com seus representantes bancários para discutir a linha de crédito, a fim de garantir que o limite seja o correto para as necessidades comerciais presentes e futuras?	✓			
9. O time de liderança da sua empresa conhece todas as restrições em vigor para qualquer dívida da empresa e revê esses "convênios" mensalmente para garantir a conformidade?	✓			
10. Os proprietários da sua empresa revisam regularmente quaisquer garantias pessoais sobre a dívida da empresa e trabalham ativamente para reduzi-las a zero?	✓			

Avaliação de Preparo para Recessão

Disponível em www.recession.com/ready

	SIM/ SEMPRE	TALVEZ/ ÀS VEZES	NÃO NUNCA	NÃO SEI
11. Sua empresa tem caixa ou crédito disponível para financiar o crescimento?	✓			
12. Sua empresa tem um conselho de assessores que se reúne pelo menos trimestralmente com o time de liderança para ajudar a estabelecer planos de crescimento, fazer provocações e responsabilizar a equipe por seus planos de ação?	✓			

3ª MARCHA CORRER

	SIM/ SEMPRE	TALVEZ/ ÀS VEZES	NÃO NUNCA	NÃO SEI
13. Você tem uma excelente cultura empresarial, contrata apenas pessoas fantásticas e demite imediatamente as que não são fantásticas ou que não se encaixam em sua cultura?		✓		
14. Sua empresa tem um processo de melhoria contínua e você mede regularmente o progresso dela em relação às metas estabelecidas?	✓			
15. O time de liderança da sua empresa tem um método preciso para monitorar o backlog, as tarefas em andamento e o pipeline de potenciais novas tarefas?	✓			
16. Sua empresa tem um método para acompanhar a produtividade de cada funcionário?	✓			
17. O time de liderança da sua empresa compara resultados financeiros alcançados com resultados pretendidos na conclusão de cada projeto ou trimestre (o que for mais apropriado para seu negócio)?	✓			

4ª MARCHA ACELERAR

	SIM/ SEMPRE	TALVEZ/ ÀS VEZES	NÃO NUNCA	NÃO SEI
18. A base de clientes da sua empresa é diversificada?	✓			
19. A receita da sua empresa é diversificada? Você atende a setores do mercado que são contracíclicos ou que não são afetados por recessões?	✓			

FREIO DE EMERGÊNCIA

	SIM/ SEMPRE	TALVEZ/ ÀS VEZES	NÃO NUNCA	NÃO SEI
20. O time de liderança da sua empresa tem uma maneira de medir os primeiros sinais de alerta de que sua empresa pode estar indo na direção errada?	✓			

Avaliação de Preparo para Recessão

Disponível em www.recession.com/ready

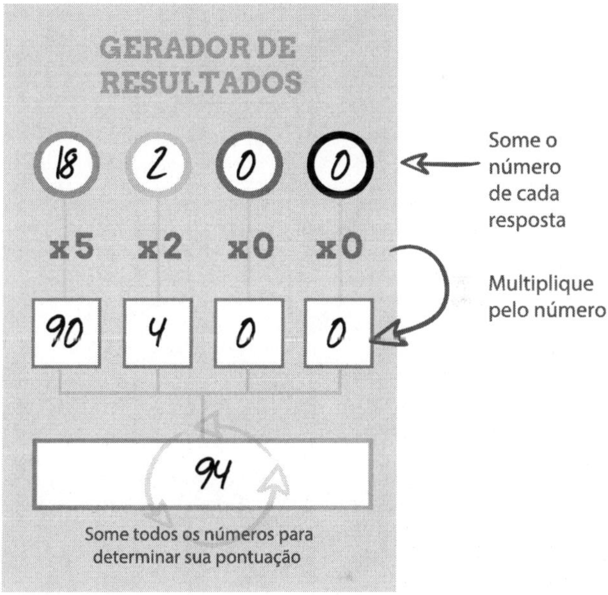

Quanto mais alto, melhor!

60-84 = Precisa COMEÇAR A SE PREPARAR para a próxima recessão!

0-59 = Alto risco de FRACASSO na próxima recessão!

Avaliação de Preparo para Recessão

Disponível em www.recession.com/ready

Nome *Jonathan Slain* Data *2008*

Empresa *Fitness Together* Posição *Dono*

Nosso objetivo é garantir que você esteja na melhor posição para capturar as oportunidades que uma recessão traz. Um dos primeiros passos em nossa jornada juntos é completar um benchmark de "preparo para recessão" de sua empresa.

O preparo é definido como o estado de estar totalmente pronto. Nossa Avaliação de Preparo para Recessão lhe dará uma resposta quantificada sobre o quanto você está prevenido para a próxima crise. Trata-se de uma análise sistemática da capacidade de desempenho de sua empresa que exclui suposições e emoções, o que lhe permitirá identificar pontos fortes e potenciais desafios para sua empresa na próxima crise.

Uma vez que você tenha essas informações, estará pronto para seguir adiante, sabendo aonde quer ir e orientado por nós sobre como chegar lá.

INSTRUÇÕES:
Por favor, reserve aproximadamente dez minutos ininterruptos para completar a avaliação. Responda aos vinte itens utilizando a seguinte escala:

VERDE: SIM/SEMPRE

AMARELO: TALVEZ/ÀS VEZES

VERMELHO: NÃO/NUNCA

BRANCO: balance esta bandeira se você não entender a pergunta ou não tiver ideia de como respondê-la. Recomendamos que você use esta opção, se aplicável, pois balançar a bandeira branca resultará nas melhores recomendações possíveis para você e sua empresa.

Avaliação de Preparo para Recessão

Disponível em www.recession.com/ready

1ª MARCHA AVALIAR

	SIM/ SEMPRE	TALVEZ/ ÀS VEZES	NÃO NUNCA	NÃO SEI
1. Sua empresa tem um plano de ação por escrito para a próxima recessão ou para um grande impacto na organização (por exemplo, a perda de seu maior cliente)?			✓	
2. O time de liderança da sua empresa entende e acompanha indicadores econômicos básicos (por exemplo, a curva de rendimento e a taxa de desemprego)?			✓	
3. A visão, a missão e os valores de sua empresa estão documentados por escrito e são exemplificados diariamente por meio de comportamentos em todos os níveis da organização?	✓			
4. Sua empresa tem um plano estratégico focado, por escrito e de longo prazo, ao qual você dedica pelo menos um dia a cada trimestre para atualizá-lo?	✓			

2ª MARCHA AJUSTAR

	SIM/ SEMPRE	TALVEZ/ ÀS VEZES	NÃO NUNCA	NÃO SEI
5. O time de liderança da sua empresa conhece a saúde financeira de seus principais clientes e fornecedores?		✓		
6. A margem EBITDA (Lucros antes de Juros, Impostos, Depreciação e Amortização) da sua empresa é a melhor possível dentro da sua área?			✓	
7. Sua empresa tem de cinco a dez por cento de seus próximos doze meses de receita estimada como patrimônio líquido no balanço patrimonial?			✓	
8. O time de liderança da sua empresa se reúne regularmente com seus representantes bancários para discutir a linha de crédito, a fim de garantir que o limite seja o correto para as necessidades comerciais presentes e futuras?			✓	
9. O time de liderança da sua empresa conhece todas as restrições em vigor para qualquer dívida da empresa e revê esses "convênios" mensalmente para garantir a conformidade?			✓	
10. Os proprietários da sua empresa revisam regularmente quaisquer garantias pessoais sobre a dívida da empresa e trabalham ativamente para reduzi-las a zero?			✓	

Avaliação de Preparo para Recessão

Disponível em www.recession.com/ready

	SIM/ SEMPRE	TALVEZ/ ÀS VEZES	NÃO NUNCA	NÃO SEI
11. Sua empresa tem caixa ou crédito disponível para financiar o crescimento?			✓	
12. Sua empresa tem um conselho de assessores que se reúne pelo menos trimestralmente com o time de liderança para ajudar a estabelecer planos de crescimento, fazer provocações e responsabilizar a equipe por seus planos de ação?		✓		

3 3ª MARCHA CORRER

	SIM/ SEMPRE	TALVEZ/ ÀS VEZES	NÃO NUNCA	NÃO SEI
13. Você tem uma excelente cultura empresarial, contrata apenas pessoas fantásticas e demite imediatamente as que não são fantásticas ou que não se encaixam em sua cultura?		✓		
14. Sua empresa tem um processo de melhoria contínua e você mede regularmente o progresso dela em relação às metas estabelecidas?			✓	
15. O time de liderança da sua empresa tem um método preciso para monitorar o backlog, as tarefas em andamento e o pipeline de potenciais novas tarefas?		✓		
16. Sua empresa tem um método para acompanhar a produtividade de cada funcionário?			✓	
17. O time de liderança da sua empresa compara resultados financeiros alcançados com resultados pretendidos na conclusão de cada projeto ou trimestre (o que for mais apropriado para seu negócio)?		✓		

4 4ª MARCHA ACELERAR

	SIM/ SEMPRE	TALVEZ/ ÀS VEZES	NÃO NUNCA	NÃO SEI
18. A base de clientes da sua empresa é diversificada?	✓			
19. A receita da sua empresa é diversificada? Você atende a setores do mercado que são contracíclicos ou que não são afetados por recessões?		✓		

FREIO DE EMERGÊNCIA

	SIM/ SEMPRE	TALVEZ/ ÀS VEZES	NÃO NUNCA	NÃO SEI
20. O time de liderança da sua empresa tem uma maneira de medir os primeiros sinais de alerta de que sua empresa pode estar indo na direção errada?			✓	

Avaliação de Preparo para Recessão

Disponível em www.recession.com/ready

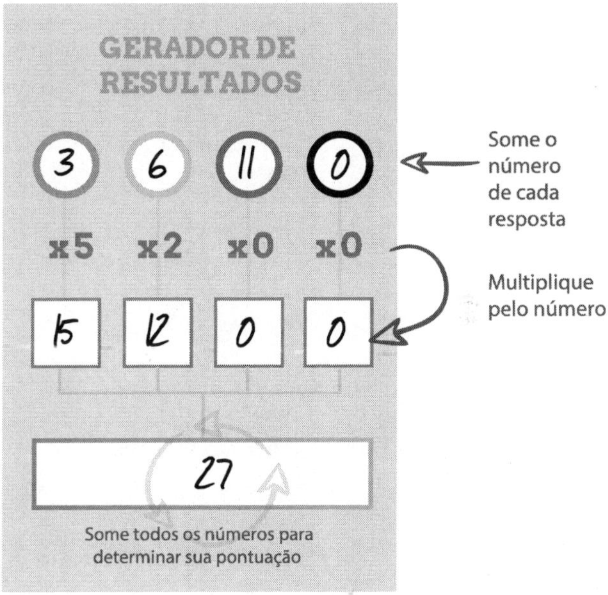

Quanto mais alto, melhor!

60-84 = Precisa COMEÇAR A SE PREPARAR para a próxima recessão!

0-59 = Alto risco de FRACASSO na próxima recessão!

APÊNDICE B

LISTA DE PAUL DAS DEZ PRINCIPAIS MANEIRAS DE ALCANÇAR O SEU RESULTADO DOS SONHOS

1. Desenvolva um plano de vida para daqui a cinquenta anos (atualize suas metas espirituais, familiares, financeiras, profissionais, físicas, mentais, fraternais, sociais e de caridade trimestralmente).
2. Existem tantas noites de sábado — não desperdice tempo com pessoas que não lhe dão apoio quando você realmente precisa delas, que não lhe tragam alegria ou que sejam fofoqueiras.
3. Sempre tenha metas de aprendizagem e crescimento. Agradeça àqueles que o ajudaram a aprender e a crescer.
4. Ajude os outros a terem sucesso sempre que possível.
5. Faça atos aleatórios de gentileza sempre que possível.

6. Cuide da Galinha dos Ovos de Ouro (você e sua empresa são a Galinha dos Ovos de Ouro).
7. Envolva-se lentamente (com funcionários, amigos e outras pessoas significativas) e desapegue rapidamente quando não der certo.
8. Mantenha-se humilde, independentemente de quantos dígitos estiverem em sua conta bancária. Seu QI não aumenta porque você tem dinheiro. Agradeça a todos que o ajudaram ao longo de sua jornada.
9. NUNCA se leve a sério demais!
10. Eu também ainda estou descobrindo o caminho!

SOBRE OS AUTORES

JONATHAN SLAIN, AUTOBAHN CONSULTANTS

Jonathan é o "governador" do site Recession.com e diretor da Autobahn Consultants. Seu propósito é ajudar outros a alcançar seus resultados dos sonhos, ajudando proprietários de negócios e suas equipes a obter resultados, tomar decisões difíceis, melhorar a saúde da equipe e desenvolver as estratégias corretas.

Jonathan é o especialista em recessões que você quer que oriente sua equipe. Ele treina equipes de liderança de alto crescimento ao redor do mundo para implementar o EOS™ (Entrepreneurial Operating System™), também conhecido como Traction. Como um EOS Implementer™, ele se concentra em ajudar líderes a obter o que eles querem de seus negócios. Jonathan gasta mais de cem dias por ano implementando o Traction com equipes como a sua.

Jonathan se concentra em empresas que buscam dobrar sua linha superior e/ou inferior dentro dos próximos três a cinco anos. Ele foi dono de franquias de fitness por dez anos, ocupando um lugar de honra quando uma de suas unidades foi a principal dentre mais de quinhentas. Foi o tempo que passou ali que lhe deu a experiência do mundo real e da vida dura que lhe permitiu reivindicar seu título de especialista em recessões.

O autor também passou dois anos em bancos de investimentos. Ele trabalhou em fusões e aquisições totalizando mais de quinhentos milhões de dólares em valor empresarial.

PAUL BELAIR, 10X CEO COACHING, LLC

Paul é o "acelerador" do site Recession.com e fundador da 10X CEO Coaching, LLC. Sua paixão é ajudar líderes a fazer suas empresas crescerem, criar bons empregos e construir riqueza.

Ele foi dono da Roth Bros., Inc., uma empreiteira nacional especializada, por quinze anos, durante os quais inovou e subiu na hierarquia financeira como CPA/MBA.

Durante a Grande Recessão, sob a liderança de Paul, a receita da Roth cresceu para 150 milhões de dólares. Colocando as estratégias certas em vigor, promovendo a cultura correta e construindo uma organização de alto desempenho e orientada para resultados, Paul e sua equipe foram capazes de alcançar este rápido crescimento.

Então, 63 meses após investir na compra da Roth, Paul liderou a venda da Roth para uma grande empresa global. Essa venda deu um retorno para Paul e sua equipe de mais de setenta vezes o valor de seu investimento inicial. Eles transformaram um investimento de um milhão de dólares em mais de setenta milhões de dólares em pouco mais de cinco anos.

Paul é presidente da YPO (Construction Industry Network for the Young Presidents' Organization), servindo 2.300 empreiteiros em todo o mundo. Ele é membro do grupo Peter Diamandis's Abundance 360 e investidor em startups de tecnologia em estágio inicial, como a Vingapp.com, BuiltWorlds, e Bold Capital.

AGRADECIMENTOS

AGRADECIMENTOS DE JONATHAN:

Em primeiro lugar, um agradecimento muito especial vai para minha sogra, Anne Newcomb. Ela se arriscou muito quando me deixou casar com sua filha favorita. Depois, se arriscou de novo quando me emprestou dinheiro para manter meu negócio funcionando na última recessão. Ao longo do caminho, ela nunca disse uma palavra sobre dinheiro, a menos que fosse para verificar se eu estava bem. Todo mundo precisa de uma sogra como Anne em sua vida. Obrigado! E, não se preocupe, NUNCA mais vou pedir dinheiro emprestado a você novamente. (Bem, digamos que *provavelmente* nunca mais, mas "nunca" é muito definitivo... quero dizer, e se houver uma grande oportunidade?)

Quero agradecer à dra. Katherine Slain, minha esposa: ela é minha "rocha" e está sempre presente, apoiando minhas ideias malucas e me ajudando a manter os pés no chão. Tenho muito orgulho dela e tenho muita sorte por ela ter dito "sim" há mais de uma década. A seguir, quero agradecer às minhas filhas: Caroline e Anne Penney. Elas são minhas Slainíacas! Elas dividem meu tempo, às vezes com relutância, com todos os meus clientes e públicos, e sei que, embora tenham apenas seis e oito anos, elas me apoiam porque sabem o quanto esse trabalho me deixa feliz.

Tenho que agradecer a minha administradora (e irmã mais velha), Wendy, conhecida como "O Freio", por nos fornecer tanto *lagniappe* (pesquise esse termo). Também quero agradecer a Jay Berkeley por sua lealdade e apoio em todos os meus projetos. Na verdade, eu escrevi isto em uma viagem de avião para casa, voltando da Convenção MCAA, onde Jay foi o motivo de o evento ter acontecido! Também tenho que agradecer à minha irmã Allyson: ela foi minha "outra mãe" enquanto crescia e moldou muito de quem eu sou hoje. Mamãe e papai, obrigado por todo o seu amor e apoio. Vocês ajudaram a criar nossas filhas enquanto Katherine e eu buscamos nossos objetivos de carreira. Se elas forem parecidas com Wendy, Allyson e eu quando crescerem, então é melhor o mundo tomar cuidado. Vocês foram ótimos!

E devo agradecer ao meu cunhado Michael. Sem Michael, eu não teria tido as aventuras com a Fitness Together que levaram a este livro. Obrigado por me resgatar da paisagem fluorescente dos bancos de investimento. Também quero agradecer a Brad Newcomb, por sua contribuição para este projeto: sem ele, eu não estaria casado com Katherine. Ele também me ensinou como realmente conduzir, contribuindo para que essa metáfora fosse incluída no livro.

Tenho que agradecer aos meus colegas do fórum da Entrepreneurs' Organization, Lynlee Altman; Joe Coughlin; George Hohman; Lisa Lewis; John Neubert; Gunner Puhl; e Matt Radicelli, por me ouvirem falar sem parar sobre este projeto e por contribuírem com insights em nossas reuniões. Não há melhor fórum de empreendedores do que o Outperforum!

Além do meu fórum, a EO me deu uma lista incrível de mentores. Meu mentor atual, Jerry Grisko, e os mentores anteriores John Milos, Mike Neundorfer e Don Taylor, todos doaram generosamente seu tempo para me encontrar e moldar meu futuro. Quero que vejam que o esforço rendeu frutos. Continuo me esforçando para deixar todos orgulhosos!

Durante minha busca para este primeiro livro, havia algumas pessoas que estavam no lugar certo na hora certa para mim, fornecendo orientações importantes, e acho que elas nem têm ideia do quão influentes foram, então quero agradecer: Mike Michalowicz (autor de *Clockwork* e vários outros livros); Michael e Amy Port (os fundadores de Heroic Public Speaking, que me ajudaram a lançar minha carreira de palestrante); Brian e Staci Inskeep; e todos que contribuíram com uma entrevista para este livro, por terem tempo para apoiar Paul e eu. E algumas menções especiais para aqueles que se arriscaram e me indicaram a todas as suas redes quando eu estava começando minha carreira de consultoria: Jade Chang Sheppard e Aaron Grossman.

Agradeço à minha equipe *Abale a recessão*: Yasmin Swartz (a melhor designer do planeta); Jason Cook e Frank Wasinski (gurus de TI e marketing); e Darla Klein (especialista em aprendizagem de adultos, refinadora brilhante do modelo de recessão e a mais atenciosa editora deste manuscrito — você fez este livro brilhar). Cada um deles tem uma capacidade incrível para pegar ideias incompletas e transformá-las em um belo produto acabado. Eles são o que há de melhor no que cada um faz, e por mais que me doa, estou imprimindo seus nomes aqui para que o mundo possa descobri-los e contratá-los para seus projetos. Mas, eu juro, é melhor vocês não me deixarem quando tiverem ainda mais clientes adicionados às suas agendas já muito ocupadas. Ainda temos muito trabalho a fazer juntos em projetos futuros!

E tenho que agradecer a toda a nossa equipe da Scribe Media, especialmente nosso incansável escriba, Mark Chait. Mark — torturei você, fazendo-o reescrever o livro exaustivas vezes durante o processo para deixá-lo perfeito. Você aguentou firme comigo e o produto final é a prova. Deus o abençoe por ouvir horas de gravações minhas e do Paul!

Não se preocupe, Mina, eu não me esqueci de você! À minha doberman, Mina, obrigado por passar inúmeras horas deitada no sofá enquanto me observava trabalhar, e por vir e colocar sua cabeça em meu colo quando eu precisava fazer uma pausa.

Por fim, quero agradecer a todos os meus clientes Traction® e ao público-alvo de *Abale a Recessão*. Quando a próxima crise chegar, espero que cada um de vocês abale a recessão!

AGRADECIMENTOS DE PAUL:

Gostaria de agradecer aos seguintes mentores que me guiaram ao longo da minha vida:

Anos de formação — Mike Coudriet (professor da Hoban High School e treinador de basquete do primeiro ano) salvou minha experiência no ensino médio e mudou minha trajetória; Dan Kramer e seu pai, Steve (treinador de basquete do colégio e chefe do meu emprego de verão) — ambos acreditaram em mim e me ensinaram o poder da atitude mental positiva; Vince Kopy (professor de contabilidade da Universidade de Akron e um mentor para mim e para muitos alunos de contabilidade) — ele me mostrou como escapar das circunstâncias.

Carreira profissional — Rick Crouse (sócio da PWC), o líder mais trabalhador, inteligente e humilde para quem já trabalhei — tirou o máximo de mim; Ken Waldron (Gentek Building) — Ken acreditou em mim e me ensinou que, se a coisa não puder ser feita em quarenta horas, ou você ou seus subordinados diretos não estão sendo eficazes; Kitty Dindo (Roadway/Caliber e First Energy) — acreditou em mim e me deu oportunidades incríveis de crescer e aprender com ela; Sam A. Roth (líder humilde e visionário que me deu a oportunidade única de comandar a Roth); Kevin McHugh, por ajudar a mudar a mentalidade de minha equipe de funcionários para donos; meus companheiros do fórum YPO, por sempre estarem presentes, me encorajando e pressionando; Barry Schlouch, por me encorajar a melhorar e ser um líder na YPO Construction Industry Network; Matt Gray, por me deixar ajudar, de uma forma muito pequena, a fundar a BuiltWorlds; e Mark Moses, por me mostrar como funciona um negócio de coaching.

Também quero agradecer a Kelly Blazina, por ser um pé no saco, mas por me ajudar a evoluir e me tornar a pessoa que sou e por estar sempre me protegendo; Paul Miller, por ser o exemplo perfeito de um pai, marido e amigo maravilhoso; e Chris Johnson, pelo privilégio de me permitir conhecê-lo e trabalhar com sua equipe.

Um agradecimento especial à minha família, por me aguentar e por tornar a vida tão especial!

BIBLIOGRAFIA

INTRODUÇÃO

REDELMEIER, Donald A.; TIBSHIRANI, Robert J. "Are Those Other Drivers Really Going Faster?" In: *Chance*, vol. 13, n. 3, 2000.

THORNTON, William. "Did the recession make Alabama more obese?" In: *AL.com*, 23 out. 2018.

CAPÍTULO UM

GULATI, Ranjay; NOHRIA, Nitin; WOHLGEZOGEN, Franz. "Roaring Out of Recession". In: *Harvard Business Review*, mar. 2010.

HUANG, Xiaorui Huang. "Ecologically unequal exchange, recessions, and climate change: A longitudinal study". In: *Elsevier's Social Science Research*, 6 mar. 2018.

JULIAN, Kate. "The Sex Recession". In: *The Atlantic*, dez. 2018.

MAULDIN, John. "Economic Brake Lights". In: *Thoughts from the Frontline*, 2 nov. 2018.

PEARCE II, John A.; MICHAEL, Steven C. "Strategies to prevent economic recessions from causing business failure". In: *Elsevier's Science Direct*, 2005.

POWELL, Zachary A. "Burnin' Down the House: The 2007 Recession and the Effect on Arson". In: *Deviant Behavior*, 2017.

ZULLOW, Harold M. "Pessimistic rumination in popular songs and newsmagazines predict economic recession via decreased consumer optimism and spending". In: *Journal of Economic Psychology*, set. 1991.

CAPÍTULO DOIS

NICKELL, David; ROLLINS, Minna; HELLMAN, Karl. "How to not only survive but thrive during recession: a multi-wave, discoveryoriented study". In: *Journal of Business & Industrial Marketing*, 2013.

CAPÍTULO TRÊS

HOLWEG, Matthias; STAATS, Bradley; UPTON, David M. "Making Process Improvements Stick". In: *Harvard Business Review*, nov./dez. 2018.

KOTTER, John P. "Accelerate!" In: *Harvard Business Review*, nov. 2012.

NICKELL, David; ROLLINS, Minna; HELLMAN, Karl. "How to not only survive but thrive during recession: a multi-wave, discoveryoriented study". In: *Journal of Business & Industrial Marketing*, 2013.

CAPÍTULO QUATRO

BUCZYNSKI, Rick; BROWN, Kenneth I. "Flying Blind into the Next Recession?" (pt. 2). In: *IBISWorld*, 2 fev. 2018.

BURNISON, Gary. "Korn/Ferry's CEO on Transforming the Company in Mid-Crisis". In: *Harvard Business Review*, dez. 2013.

PEARCE II, John A.; Pearce II; MICHAEL, Steven C. "Strategies to prevent economic recessions from causing business failure". In: *Elsevier's Science Direct*, 2005.

CAPÍTULO CINCO

DUGAL, Sanjiv S.; MORBEY, Graham K. "Revisiting corporate R&D spending during a recession". In: *Research Technology Management*, jul./ago. 1995.

LILIEN, Gary L.; SRINIVASAN, Raji. "Marketing spending Strategy in recessions". In: *Australasian Marketing Journal*, vol. 18, p. 181-182, 2010.

SRINIVASAN, Raji; RANGASWAMY, Arvind; LILIEN, Gary L. "Turning adversity into advantage: Does proactive marketing during a recession pay off?" In: *Elsevier's International Journal of Research in Marketing*, 2005.

YUNLU, Dilek Gulistan; MURPHY, Dianne D. "R&D Intensity and Economic Recession: Investigating the Moderating Role of CEO Characteristics". In: *Journal of Leadership & Organizational Studies*, 2012.

Sucessos

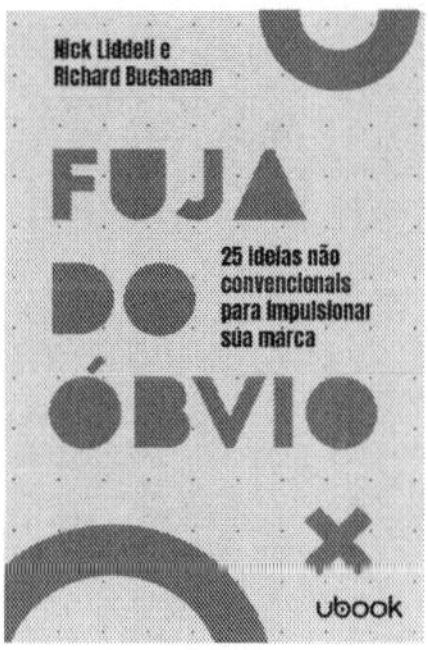

Fuja Do Óbvio: 25 Ideias Não Convencionais Para Impulsionar Sua Marca

É difícil se manter no topo e se destacar em um mercado em constante mudança. Para alcançar o sucesso, é preciso clareza absoluta sobre o que seu negócio e sua marca oferecem e inovar de maneira certeira. É tempo de ser disruptivo e pensar diferente.

Fuja do óbvio conta como os líderes das mais importantes organizações do mundo conseguiram definir objetivos únicos, expressá-los de maneiras criativas e, assim, solucionarem seus maiores desafios. Nick Liddell e Richard Buchanan entrevistaram representantes de grandes empresas, como Google, Ocado, McLaren e Dropbox. Em cada capítulo, os autores exploram uma questão surpreendente do mundo dos negócios e apresentam um novo ponto de vista para ajudar o leitor a repensar sua marca.

Inteligência em liderança: os 5Qs para prosperar como líder

A pesquisa dos autores identificou cinco inteligências de liderança (os 5Qs), que líderes de alta performance precisam empregar simultaneamente para alcançar uma mudança transformacional. Os 5Qs são: inteligência cognitiva (QI); inteligência emocional (QE); inteligência política (QP); resiliência (QR): e inteligência moral (QM).